闘う舞踊団

金森穣

Dance Company of Struggles

Jo Kanamori

夕書房

闘う舞踊団　金森穣

夕書房

はじめに

私は舞踊家であり、日本初の公立劇場専属舞踊団の芸術総監督である。

そして本書は、金森穣という一人の舞踊家の人生と、劇場専属舞踊団（Noism Company Niigata）の闘いの物語である。

ブヨウカ？　センゾクブヨウダン？　ゲイジュツソウカントク？

硬すぎて、専門的すぎて、興味の湧かない人が大半だろう。当然である。この国ではお稽古事としか認識されていない舞踊に生きることも、地方都市の劇場で国際的な活動をする舞踊団のことも、そしてその芸術を総監督する役職のことも、日本の一般的な人々にとっては遠い世界のことなのだから。そんな職業と肩書きを持つ私の、舞踊論や振付論ではない、人生を賭けた闘いについての本を、いったい誰が読むのかと自分でも思う。

それでもこうして書籍化したのには、理由がある。

Noismをめぐる一八年間の闘いの物語は、私という一人の人間の枠を超えた、この国の劇場文化の姿を伝える重要な事例であり、数十年後、あるいは一〇〇年後の未来、私や、いまこの本を手にしているあなたがいなくなった世の中で、その時代を生きる芸術家の役に立つかもしれない。

そう信じるからこそ、この本は生まれた。

大半の人が興味を持たないような職業に生き、大半の人がかかわりを持たない環境を変革せんと闘い、「一〇〇年後」だの「未来」だのと繰り返すような夢想家によるこの物語が、いま、そしてこれからを生きる舞踊家、劇場関係者、文化政策担当者だけでなく、劇場のある街に住むあらゆる人に気づきを与えるものとなることを、願っている。

この闘いの物語は、まだ続いているのだから。

目次

第Ⅲ部

第I部

I

舞踊人生のはじまり

舞踊は生活の一部だった

子どもの頃から、舞踊は生活の一部だった。

舞踊家だった父が芸能界から身を引き、横浜の家を改装して舞踊の稽古場を作ったのは、私が六歳のとき。地域の人に向けた教室という感じで、子どもから大人までいろいろな人が通っていた。それは私たち一家が食べていくための大事な収入源であり、日本のお稽古ごと文化を担う場所でもあった。

私が舞踊（ジャズダンス）を始めたのは、父の教室が始まって少ししてからだ。稽古場は家の一階にあったから、レッスンの音楽は家中に流れ、夕飯を食べていても、父が声を張って稽古しているのが気配ごと伝わってくる。学校から帰ってくると、常に誰かが踊っていた。父は「やれ」と言わなかったし、自分から「やらせてくれ」と言った覚えもないが、生活の中で自然と踊るようになった。

バレエは、一〇歳から習い始めた。踊ることが大好きになった私を見て、父は「踊りをちゃんとやりたいのなら、基礎となるクラシックバレエをやるべきだ」と言った。バレエが特別好きだったわけではない。踊りたいならバレエをやらなきゃいけない、やらなきゃいけないのなら頑張る、という感じだったと思う。

身体を使うことがとにかく好きだった。小学生の頃は、野球や水泳もやっていたし、高学年になると毎週末サッカー教室にも通っていた。舞踊はあくまでその中の一つにすぎなかった。しかし、ボールを使って点を入れるとかタイムを競うのとは違い、舞踊には音楽がある。音楽に乗って身体を動かす、身体が音楽になる楽しさに魅せられていった。

こうして私は舞踊に夢中になり、本格的にバレエを習うため、一四歳で牧阿佐美先生[*1]のバレエ学校に通うことになった。

二つの原体験

運が良かったんだ、本当に。改めて振り返ると、様々な縁に支えられていまがあると強く感じる。

中学三年生、一五歳のとき短期留学したニューヨークでの経験が、私の舞踊人生の転機だったと思う。父の師匠のご子息でニューヨーク・シティ・バレエ団[*2]（ＮＹＣＢ）のプリンシパル、堀内元[*3]さんの家に居候させてもらいながら、ＮＹＣＢ付属のバレエ学校、スクール・オブ・アメリカン・バレエ（ＳＡＢ）に四週間短期留学したのだ。

それは強烈な体験だった。

自分のバレエの下手さ加減に打ちのめされたのはもちろん、入ったボーイズクラスに三〇人もの同年代の多国籍の男の子がいることが驚きだった。言葉の壁はあったものの、舞踊なので身体を見ていればついていくことはできる。同年代の子たちと切磋琢磨する中で、自分が日々いろいろなことをスポンジのように吸収していくのがわかって、楽しくて仕方がない。それまで生活の一部でしかなかった舞踊が初めて憧れに変わり、野心が芽生えるのを感じた。四年後、オランダのカンパニーと契約し、プロとしてツアーでニューヨークへ凱旋することになるのだが、このときは知る由もなかった。

帰国後も感激は薄れることがなく、高校に入りはしたが、授業にまったく身が入らない。バレエ団の先輩たちは稽古やリハーサルなど、舞踊漬けになっているのに、自分はなぜ教室に座って授業なんて受けているんだろう……。

もっと稽古がしたい、という思いが募った私は、高校を辞めて牧阿佐美バレヱ団に入ることにした。

両親が私の想いを尊重してくれたのは、父が舞踊家だったからだし、母が「自分の思うように生きなさい」という人だったからだ。生まれ落ちた環境ほど縁と呼べるものはない。ニューヨークでの経験は、いまにつながる原体験だ。あれがなければ、高校を辞めなきゃダメだと本気で思えなかったし、その後、ローザンヌに行くこともなかったと思う。

この頃、もう一つ、将来につながる原体験と言える出来事があった。

高校を辞めた一六歳のとき、先輩たちに誘われて夜中に遊んでいて、大怪我をしてしまったのだ。左肩甲骨下の裂傷は心臓のすぐ近くまで到達していた。両親は愕然としただろうし、先生たちも呆れたと思う。緊急手術後、医師から「日常生活に支障はないけれど、左腕は九〇度以上は上がらないだろう」と言われてしまう。

しかし医者一人に無理だと言われたぐらいで、夢を諦められるわけがない。

やればできるのではないか——そう考えた私は、踊りたい一心で、リハビリを始めた。完全に自己流だったけれど、毎日続けていると、少しずつ腕が上がるようになった。
このときの成功体験は、その後の私の人生に大きく影響することになる。

一七歳でローザンヌへ

牧阿佐美バレヱ団で、バレエ漬けの日々が始まった。

バレエ団といっても、公演だけで食べていける人はほとんどいない。先輩たちは皆、子どもクラスで教えたり、発表会でパートナーを務めたりしながら生計を立てていた。主役には毎公演チケットノルマがある。それが当時の日本における「プロの舞踊団」の常識であり、私にとっては、そこで主役を踊れるようになることが目指すべき目標だった。

ある日、現代バレエの巨匠モーリス・ベジャール[*4]が主宰する「二〇世紀バレエ団」で教えていたアザーリ・M・プリセツキー先生が、牧阿佐美バレヱ団に指導に来られた。当時、ベジャールさんは自らのバレエ学校「ルードラ・ベジャール・ローザンヌ・バレエスクール[*5]」をスイス・ローザンヌに設立しようとしていて、日本のバレエ団を指導しにいくプリセツキー氏に「若い日本人ダンサーがいたら、スクールに入学しないかと声をかけておいてくれ」と頼んでいたのだ。

それまでクラシックバレエ一筋だった私は、ベジャールが誰なのかも、どんな作品を創る人なのかも、まったく知らなかった。それでも渡りに船だった。アメリカでの記憶が染みついている私の頭には、海外に行く＝あのときのような刺激的な環境に身を置けるかもしれない、ということしかなかったのだから。「穣、あなた、行く気ある？」と聞いてくれた阿佐美先生に、「行きたいです！」と即答した。

両親はもちろんベジャールを知っていたし、父は来日公演で作品を観て、衝撃を受けていた。何より、先輩たちと遊んで怪我したりしているぐらいなら海外に行ったほうがいい、このまま日本にいたらこいつはダメになると思ったのだろう、すんなり承諾してくれた。本当にいいタイミングだった。

バレエ団の先輩や友人たちに別れを告げて、夏の終わり、私はこの国から旅立った。

ルードラでの修行時代

スイス・ローザンヌに設立されたばかりのルードラには、世界各国から三〇人近くの若者が集まっていた。スイスはもちろん、ドイツ、スペイン、フランス、イタリア、ギリシャ、ユーゴスラビア……本当にいろんな国の子がいた。

一五歳のときのニューヨーク滞在で英語には多少耳が慣れていたものの、フランス語は聞いたこともなかった。何をすればいいのか、いま皆が何をしようとしているのかが、まったくわからない。演劇の授業では、舞踊の稽古のように見様見真似すらできなかった。

一日の終わりには、必ず剣道の時間があった。毎日二〇〇回木刀で素振りをしたり、防具をつけて打ち込み稽古をしたりする。舞踊を学びに来たのに、こんなことやりたくないと泣き出す女の子もいた。剣道に根を上げ、辞めた子もいたと思う。

日本人の私にとっても剣道はつらかった。一日の最後、それでなくてもヘトヘトな時間にしごかれ、「日本人だろ!」と発破をかけられる。それでも文化として身近なものがあったのはありがたかった。自由な発想が勝負の演劇や即興のクラスに比べ、バレエと剣道には決まった型がある。何より、ベジャールさんが創った世界の中に、自分の居場所があると感じられる、「いてもいいんだ」と思えたのは救いになった。

辞めていく子は本当にたくさんいた。入学時には三〇人ほどいた生徒は、半年で数人が辞め、一年終了時には半分に、二年後の卒業時には八人になっていた。

いまなら、パワハラ、モラハラ、セクハラと糾弾されるようなことだらけだった。あるときなど、ニューヨークから来た著名なバレエの先生がレッスン中、生徒を一列に並ばせて「君はプロになれる」「君はなれない」と、端から言っていくということもあった。そういう残酷な空気に晒され続けていると、いまここでこの苦痛に耐えることが、果たして将来の自分にとってプラスになるのだろうか、と誰もが疑問を抱き始める。

世の中が変化したいま、同じような環境でやるべきだとは思わない。あんなつらい思いや肉体的な痛みを味わわずに同じことが学べるなら、そちらのほうがいいに決まっている。しかしここまで来た者としては、あのときの経験は重要だったと言えるし、感謝しかない。

覚悟を決めること、信じてくれる人がいること

一二月の学校公演までは、とにかく地獄だった。

言葉はわからないし、何か発表すれば、みんなに笑われる。実際には、かれらは私のことを笑っているわけではなかったかもしれない。しかし被害妄想に取り憑かれている私は、自分は笑われていると思ってしまう。学校から帰ると部屋に引きこもって泣いていたし、クラスで涙が止ま

らなくなったこともある。

呆然としながら授業を受け、終わるとすぐにホームステイ先の家に帰り、自分の部屋に閉じこもる。ステイ先の家族は心配して声をかけてくれたけれど、かれらともできるだけ顔を合わせないようにしていた。

長く暗い夜、眠ることもできずに目を閉じ、ぐるぐる繰り返される「なぜ」と向き合っていた。泣くことにも疲れ、自問自答にも疲れ果てて、もういいやと思ったそのとき、ふと気づいた。心臓が脈打つ音に。「動いている」。まるで亡霊のように日々を過ごす私の心臓は、動いている。自分の意思とは無関係に。幾多ある「なぜ」の問いに、一番大きな「なぜ」が加わった。そして思った。自分の意思は関係ないのだと。

自分がどう思うかはどうでもいい。どうせ終わりにするのなら、一度ゼロになってみよう。これまでの経験、考え方や価値観、ようするに自分が思う「自分」というものを捨てて、できることを全部やってみよう。頭でも心でもなく、この身体一つでぶつかってみよう。そう覚悟を決めた。

そう考えるようになるとまもなく、あるスペイン人の女の子がずっと私を見ていることに気づいた。「みんなに笑われている」と思い亡霊のように演劇の課題を実践している最中、なぜかその子だけが笑わずに優しい眼差しを向けてくれている。ゼロである自分を見つめている。承認してくれている。気がつけば私も彼女のことを好きになっていた。

以来、学校に行くことが苦痛でなくなった。自分のことを信じてくれる人がいると思うだけで、恥をかくことも怖くなくなってくる。そうして表現し始めると、先生も喜んでくれる。気持ちも前向きになり、どんどん評価を得られるようになっていった。

わずか半年で人生が一八〇度変わったのである。あのとき死んだつもりでできることをやってみよう、と挑まなかったら、私はいま、この場所には立っていない。

「死ぬ気になればなんでもできる」とよく言うけれど、それは体験した本人にしかわからないことだ。どんなに話しても、あのときの自分がどれほどの思いだったかを伝えることはできない。しかし、自分の中であの体験はいまも生きている。人は変われるし、死ぬ気で挑めば道は拓ける。覚悟を持てばできることが絶対にあるとの確信は、揺らぐことがない。

覚悟を決めるということと、信じてくれる人がいるということ。私を支えてきたのは、この二つだ。「もうおしまいだ」と思うことはたくさんあった。そのときどきで覚悟を決め、その覚悟を信じてくれる人たちに出会ってきたからこそ、いまがある。

難しいのは、ついその覚悟を他者にも求め、残酷になってしまうということ。自分自身が矢面に立ったり、覚悟を決めたり、命を賭けたりするのはまったく構わない。しかし同じだけのものを集団に求められるのか。集団を導いていくとき、そこが最も難しい。

ルードラが振付家・金森穣を作った

日本でバレエをやるといえば、やはりお稽古ごとから始まる。私も子どもだったから、芸術に携わっているという認識はなかった。だから欧州に渡って、同級生たちの芸術的な感性の豊かさと教養の深さに衝撃を受けた。

作品は、演劇の授業の一環として創ることになっていた。素養のない私がやったのは、モダンダンスやバレエはもちろん、剣道の動きや演劇のセリフ、さらには歌まで、そのとき学校で学んでいたことすべてを盛り込み、コラージュのように表現することだった。

それは振付家・金森穣としての初めての作品となった。あらゆる分野の作家のエッセンスは第一作に表れていると言われるが、私の場合も、のちにバレエやダンスの枠を超えたカンパニーNoismを立ち上げたこと、俳優など他分野の人たちとコラボレーションをしていることなど、すべてがそこに含まれていたのだろう。

ベジャールさんは、舞踊／演劇／音楽／武道などあらゆる身体表現の融合、総合芸術としてのバレエに、人間の生きる意味（哲学）、その可能性（信仰）を見出すとともに、希望（愛）を抱いていた。国籍や民族、文化や思想にかかわらず、人間は誰もがこの未知なる創造物である「身体」を持っている。精神の器である身体の神秘の探求に生涯を費やすこと。そうして世界とつながること。ルードラでの経験を通してベジャールさんから受け継いだ舞踊への信仰は、いまも私の中に生き続けている。

ネザーランド・ダンス・シアターへ

ルードラの卒業生の進路は、一般的に二つに一つだ。ベジャールさんに気に入られた子は空きがあればベジャール・バレエ団に入り、それ以外の子は他のバレエ団のオーディションを受けに行く。私は面接で「ベジャール・バレエ団には空きがないから、オーディションに行きなさい」と言われてしまう。ベジャール・バレエ団に入ることしか考えていなかったので非常に悔しかったが、仕方がない。

時は一九九〇年代半ば、ウィリアム・フォーサイス[*6]やピナ・バウシュ[*7]、イリ・キリアン[*8]など、錚々たる振付家たちのカンパニーが世界を席巻していた。クラスメイトの間で一番人気だったのは、チェコ人の振付家、イリ・キリアンだ。「キリアンっていう人がいるんだな」と思ったけれど、どんな作品かもわからない。彼女が「オーディションに行きたい！」と言うので、よくわからないまま、キリアンが芸術監督を務めるオランダ、デン・ハーグの「ネザーランド・ダンス・シアター[*9]（ＮＤＴ）」のプライベートオーディションを受けることにした。

デン・ハーグに三日間滞在してクラスを受けさせてもらっていると、三日目に取り巻きを引き連れた、背がすらっと高くて優しそうな人が稽古場にやって来た。そして終了後、私だけが別室に呼ばれた。「キリアンが、君に来シーズンから来ていいと言っている」。それが合格の通知だった。喜びと悲しみの入り混じった彼女の笑顔が忘れられない。

実はその後、ベジャールさんからも入団の打診があった。「ジョー、空きができたから、入りたかったら来なさい」。いまさらそんなことを言うなんて……。運命が私をベジャールさんから遠ざけていた。

しかしそんな鬱屈した気持ちも、キリアンの作品を観るまでのことだった。ベジャール・バレエの本拠地のすぐ隣にあるボーリュー劇場でＮＤＴの公演があったのだ。入団が決まっていた私は「観に来なさい」と言われ、そこで初めてキリアンの作品を観た。

ぶっ飛んだ。比喩じゃなく客席から腰が浮くような感じがした。「ここに行くんだ、おれ」と。新しい世界が目の前に開けた瞬間だった。

ルードラのときも、ベジャールさんのことを知らずに飛び込んだ。キリアンも同じ。オーディションの最後にキリアンはうれしそうに「ジャパニーズボーイ！」と私を呼んだ。私はNDTに所属した初めての日本人男性だった。

【注】

＊1――牧阿佐美（一九三四〜二〇二一）舞踊家、振付家。一九五六年に牧阿佐美バレヱ団を創立して以来、日本のバレエ界を長年先導した。一九九九〜二〇一〇年、新国立劇場舞踊芸術監督。文化功労者、文化勲章受章者。

＊2――ニューヨーク・シティ・バレエ団（NYCB）一九四八年、二〇世紀を代表する振付家ジョージ・バランシンによって創設されたバレエ団。現在の本拠地はアメリカ・ニューヨーク市マンハッタンにある、リンカーンセンター内のD・H・コーク劇場。所属舞踊家は、バランシンが「まずは学校を」の理念で三四年に開いたスクール・オブ・アメリカン・バレエ出身者が中心。

＊3――堀内元（一九六四〜）舞踊家、振付家。牧阿佐美に師事。一九八〇年、ローザンヌ国際バレエコンクール・スカラシップ賞を受賞、スクール・オブ・アメリカン・バレエに留学。バランシンに認められ、卒業後、ニューヨーク・シティ・バレエ団に日本人として初めて入団。アジア人初のプリンシパルとなり、数々の作品を踊る。ブロード

ウェー・ミュージカル「ソング&ダンス」「キャッツ」にも出演。九八年長野オリンピックでは開会式の振付を手がける。二〇〇〇年にセントルイス・バレエ団芸術監督に就任、自らも出演しながらバレエ団を成長させている。

＊4――モーリス・ベジャール（一九二七〜二〇〇七）　フランス出身の振付家、バレエ指導者。一九六〇年、ベルギー・ブリュッセルの王立モネ劇場を本拠地に「二〇世紀バレエ団」を結成。一九八七年にスイス・ローザンヌに移り、「ベジャール・バレエ・ローザンヌ」を設立。「二〇世紀はバレエの時代」と宣言し、六〇年以上にわたり、肉体の躍動や官能性を前面に打ち出した革新的な作品を次々に発表、バレエの歴史を変えたと言われる。代表作に、《春の祭典》《ボレロ》（クロード・ルルーシュ監督の映画「愛と哀しみのボレロ」に収録）などがある。

＊5――ルードラ・ベジャール・ローザンヌ・バレエスクール　一九九二年開校。独自の基準を満たしたごく少数の生徒だけが入学を認められ、週六日、一日一〇時間、二年間にわたってクラシックバレエからモダンダンス、演劇や歌唱、ベジャール作品や剣道のレッスンなどを受ける。

＊6――ウィリアム・フォーサイス（一九四九〜）　アメリカ出身の振付家、舞踊家。モダンバレエを解体し、再構築する革新的な作風と鋭い現代的感覚で知られる。一九八四年よりフランクフルト・バレエ団の芸術監督を務めたが、二〇〇四年に財政難からカンパニーは解散。〇五年よりドレスデン市とフランクフルト市の助成でフォーサイス・カンパニーとして再出発するも、一五年に解散。カンパニーはドレスデン・フランクフルト・ダンスカンパニーに編成し直され、ヤコボ・ゴダーニが芸術監督兼振付家に就任した。その後も振付家として第一線で創作を続けている。

＊7――ピナ・バウシュ（一九四〇〜二〇〇九）　ドイツ出身の振付家、舞踊家。一九七三年よりヴッパタール舞踊団の芸術監督に就任、亡くなる直前まで作品を創り続けた。ドイツ表現主義舞踊のスタイルを受け継ぎながら、舞踊と演劇の境界を超えた独自の作品「タンツ・テアター」を確立した。

＊8――イリ・キリアン（一九四七〜）　チェコ出身の振付家、舞踊家。七三年の作品委嘱をきっかけに七五年にネザ

ーランド・ダンス・シアター（ＮＤＴ）の副芸術監督、七八〜九九年に芸術監督、九九年に芸術顧問を歴任し、三カンパニー制を確立。五〇作以上をＮＤＴのために創作し、カンパニーの評価を世界的に高めた。二〇〇九年、ＮＤＴの創立五〇周年を機に独立したが、一一年まで常任振付家、芸術顧問としてかかわり続けた。

＊9——ネザーランド・ダンス・シアター（ＮＤＴ）一九五九年設立、オランダ・ハーグのルーセント・ダンス・シアターを本拠地とするバレエ団。階級制度はなく、年齢別に１・２・３の三カンパニー制で、古典以外のモダン、コンテンポラリー作品を上演。芸術監督イリ・キリアンのもと飛躍的に発展した。芸術監督は二〇一一年よりポール・ライトフットが、二〇年よりエミリー・モルナーが務めている。

2
学び多き欧州での一〇年

恵まれた舞踊環境で

オランダ、デン・ハーグの劇場ルーセント・ダンス・シアター（当時）を本拠地とする「ネザーランド・ダンス・シアター（NDT）」には、一九九四〜九七年の三年間在籍した。

NDTはオランダ国とデン・ハーグ市からの支援によって活動するコンテンポラリーのダンスカンパニーである。当時のNDTは創設グループのNDT1、私を含めた若手が所属するNDT2、四〇代以上の舞踊家が所属するNDT3という三つのカンパニーを擁していた。

ルーセント・ダンス・シアターには大劇場と、稽古場が五つほどあり、小さなスイミングプールやサウナもあった。食堂もあったし、グリーンルームと呼ばれる広いスペースに行けば先輩ダンサーや振付家たちと交流することもできた。ものすごく恵まれた環境だった。

ＮＤＴは市内に三階建てのマンションを所有していて、若手ダンサーは安価で借りることができた。キッチンやバスルームはシェア形式だが個室があり、私もそこで一人暮らしをすることになった。給料をもらっての初めての生活だ。初任給が入り、両親に国際電話で「もう仕送りはいらないから」と伝えたときのことは、いまでも覚えている。ああ、これがプロになったということなんだ、と感慨深かった。

恵まれた環境の一方で、活動はハードだった。

公演は年一〇〇回。夏休みの一か月と冬休みの二週間を省くと実質一一か月、三日に一回は舞台で踊っている計算だ。国内ツアーでは、若手のＮＤＴ２がまず遠いところへ行かされる。バスで片道三時間かけて地方の劇場まで行き、公演をして、九時過ぎに終わるとまた三時間かけてデン・ハーグに戻ってくるということもしばしばだった。

毎年行う世界ツアーでは、欧州各地はもちろんのこと、アメリカ・ニューヨークからアフリカのジンバブエまで行った。キリアンも現役で新作を次々と発表していたし、世界中のマスターたち、そして気鋭の若手振付家たちが振付をするＮＤＴの公演は、世界から注目されていた。

ハードなスケジュールではあったけれど、夜の公演やツアーのない日は、夕方一七時半頃にリハーサルが終わるので、スタジオに残って振付をしていた。同僚と街に繰り出して遊ぶことに興味はなかった。それほど振付が好きだった。

ＮＤＴの二年目、二〇歳のときに参加したワークショップで女性のソロ作品を発表すると、その作品がＮＤＴ２のレパートリーとして買われることになった。

翌年、二一歳で初めて契約書を交わし、振付家としてのデビューが叶った。たった一〇分の作品だったが、五年間の独占契約で高額な契約料が支払われた。欧州のプロの現場では、年齢や経験は関係がない。よいと評価されれば、どんなに若くてもプロの扱いを受ける。デン・ハーグでの初演はオーケストラの生演奏つきで、両親も公演を観に来てくれた。両親が欧州で踊る私を見たのは初めて、ましてや振付家としてのデビュー公演だ。終演後に会った父の誇らしげな顔と遠い目が忘れられない。それは、私の舞踊道が父の想像を超えた瞬間だったのかもしれない。

二つの孤独

恵まれた環境と、高い評価。振付家としてのスタートの地ともなったＮＤＴでの活動は、とても充実していた。しかしそれは舞踊家としての充実であり、一人の人間としては相変わらず孤独に苛まれていた。

その理由の一つは、彼女とのことだった。

ルードラで私を孤独の淵から救ってくれた彼女とは、その後も遠距離で関係が続いていた。しかしその彼女とも、会えない時間が長くなってくると、異なる経験も増え、埋め合わせることができない心の隙間が増えていった。こうして二年間の遠距離恋愛は終わりを迎えた。

彼女を失った喪失感から、ツアーのバス移動中は誰とも話さず、ひたすら音楽を聴いていた。身を震わせるほどの悲しみ、孤独、喪失感は、私に女性のソロ作品を創らせた。それがデビュー作となった《Under the marron tree》（一九九七年）である。抱えきれない想いを吐き出すように創作した作品は、わずか四回の稽古で完成した。踊ってくれた女性も驚いていた。

私が孤独を感じたもう一つの理由は、NDT内部のシステムだった。

NDT2は若手のカンパニーなので、在籍期間は長くても三〜四年。誰もが、NDT1に上がることを目標にしていた。もう少し我慢していればNDT1に上がれる、それまでは我慢する、そういう空気が充満していた。

そうやって待っていれば入れるというのは、時間を無駄にしているようで腑に落ちない。私は死ぬ気でやれば半年で人生は変わることを、この身をもって経験していた。一年というのはそれぐらい長く、重い時間だ。その貴重な一年を、ただＮＤＴ１に上がるために費やしている同僚が理解できなかった。

さらに、決定的な出来事があった。

在籍三年目のとき、私と四年目の女の子が呼ばれ、キリアンと一緒にクリエーションをすることになった。キリアンとのクリエーションは最高だったし、キリアンも喜んでくれているのが伝わってくる。あのときのワクワク感は、いまでも思い出せるほどだ。

しかしある日、ＮＤＴ２の芸術監督が「ジョー、話がある」と、突然スタジオにやって来た。「四年目の彼女がこういうチャンスをもらうのはいい。でもジョー、君は三年目だ。上には四年目の男の子がいる。彼を出し抜いて君がキリアンとクリエーションをしていると、内側のバランスが崩れてしまう」、そう言われたのだ。

尊敬するキリアンが振り付けしていて「こいつはダメだ」と思ったのなら、悔しいけれど納得できる。しかし、芸術性やクリエイティビティとまったく関係のない政治的な事情で一年待たされたり、空気を読めと言われたりするのは納得がいかない。そこで「今シーズンで辞めます」と伝えた。キリアンも止めてくれたけれど、私はただただ生き急いでいた。

こうして私はベジャールさんともキリアンともすれ違った。もちろん私の若さ、我の強さのせいもあったけれど、やはりタイミングと縁が、私を次へと向かわせたのだと思う。

リヨン・オペラ座バレエ団へ

辞めることは決めたものの、行く先は決まっていなかった。

ちょうどその頃、《Under the marron tree》を含むプログラムの公演を見に、「リヨン・オペラ座バレエ団」[*1]の芸術監督がルーセント・ダンス・シアターを訪れた。上層部からは「ジョーが辞めることになった」と聞いていたのだろう。公演終了後、監督がやって来て、「オーディションは必要ない。来たければうちに来い」と言ってきた。

突然のことで驚いたけれど、リヨン・オペラ座バレエ団はレパートリーが豊富で、海外ツアーも盛んなカンパニーとして注目を浴びていた。前年に振付家デビューを果たし、振付家が芸術監督を務めるカンパニーに行く気のなかった私には、渡りに船だった。

次の場所は、フランス第二の都市リヨンに定まった。

パリのオペラ座がクラシックバレエ中心なのに対し、リヨンの得意分野はコンテンポラリー。

ＮＤＴもアムステルダムではなく、デン・ハーグという地方都市を本拠地にしていたように、欧州のコンテンポラリーダンスで世界的な活動を展開している劇場の多くは地方にある。

リヨン・オペラ座は、国と市が支援する楽団とバレエ団を擁するオペラハウスだった。建物自体が舞踊団専用だったＮＤＴとは違い、大きなオペラハウスの一角を使っているという感じで、食堂もないし、楽屋も狭い。それでもバレエ団の活動エリアは劇場の最上階にあって、メインスタジオはガラス張りで市内が見渡せる、開放感のあるものだった。

入団直後から、踊るチャンスも振付のチャンスももらった。給料もよかった。毎月、食事のチケット（市内のレストランで使える）が配布され、海外ツアー中に使わなかった分を貯めておけば、それだけで食費は賄えた。物価の高いリヨンでも十分に裕福な暮らしができるほどだった。

舞踊団ビジネスの矛盾

リヨンには二年間在籍した。

芸術監督はかなりの独裁タイプで、何事もすべて自分の独断で決めてしまう人だった。しかもその判断がすべて商品価値や利用価値に根ざしているのが、あまりにあからさまだった。

彼はつまり、舞台芸術の質には無頓着な、優秀なビジネスマンだった。行政との政治的なやりとりも手慣れていて、世界のマスターたちとの太いパイプもあった。著名な振付家たちの作品が踊れる、そして見られるというのが、リヨン・オペラ座バレエ団の特長であり、人気の理由だった。

しかしNDTで踊っていた身としては、「うわ、このクオリティでキリアンの作品やるのかよ」ということが多発するのには閉口したし、そういうふうにして作品が上演されることについても考えさせられた。マスターってなんだろう、作品ってなんだろう、と。

若かった当時の私が思ったのは、マスターたちも結局、舞踊ビジネスの一員なんだな、ということだった。作品だけ売って、本番を見にさえこないマスターもいた。リヨンのバレエ団が上演したって、たいしたクオリティの舞台にはならないのだから、リハーサルはアシスタントに任せればいいし、本番を見に来る必要はない。そう思っているのだろうなと感じた。

いまとなっては、それだけじゃないこともわかる。

世界中の舞踊家たちがマスターピースを踊る機会を得るということ、それ自体がとても価値のあることだし、そうして開眼した若い舞踊家や振付家が未来の舞踊文化を担っていくのだ。自分のカンパニーに所属する舞踊家のことだけを考えていたら、文化としての舞踊はどんどんニッチになってしまう。

そして、マスターと言われるほど著名になれば、個人事務所や財団を持つことになる。どこかのバレエ団が作品を買ってくれれば、アシスタントにあてがえる仕事が生まれる。そのセッティングをするのにスタッフも必要になるから、かれらを食べさせていくためにも、作品を売って仕事を作らなくてはならない。それは、作品の芸術性を追求するのとはまた別の、仲間たちを食べさせていくという大切な仕事なのである。

しかし、若い私にその視点はなかった。

どんなに上演の質が低くても、マスターの作品だと観客は喜ぶ。観客は見巧者ばかりではないし、振付と構成が見事なマスターの作品は実際にすばらしいからだ。そこに実演家の技量が加わることで最高の舞台になるわけだが、マスターの作品さえ持っていれば、集客はできる。世界ツアーも組める。それを目の当たりにしたリヨンでは、劇場文化や舞踊団ビジネスのレトリックについて考えさせられた。

そして、ここに長くいたら私は終わってしまう、そう思い始めた。

福祉国家の光と闇

リヨンを辞めると決めたときも、次の行き先は決まっていなかった。

ある日、ウィリアム・フォーサイスのもとで長年踊っていたスウェーデン人舞踊家が、スウェーデンの港湾都市、ヨーテボリの国立ヨーテボリ・バレエ団[*2]の新しい芸術監督に就任するので舞踊家を探しているという噂が流れてきた。

当時、フォーサイスは作品をフランクフルトで上演することにこだわりがあり、外のカンパニーにはほとんど売っていなかったが、新しい芸術監督のもとでは上演できるという。フォーサイスの作品をもっと踊りたいと思っていた私は、オーディションを受けに行き、契約を勝ち取った。

ヨーテボリ・バレエ団の運営体制は、ＮＤＴとも、リヨン・オペラ座バレエ団とも違っていた。スウェーデンというと、労働環境が充実している福祉国家のイメージがあるかもしれない。しかしその制度はあくまでも、ずっと国内にいる人たちの生活を保証するものだ。外から来て数年滞在する私のような外国人が、滞在中にメリットを感じることは少ない。

労働者保護の観点が強いという北欧らしさは、劇場文化にも表れていた。新しい芸術監督を決めるにしても、どの候補者がふさわしいかが舞踊家組合で議論され、そこでの意見が強く影響する。最終権限は劇場のトップ、インテンダントにあるけれど、そのインテンダントですら、舞踊家たちの意見を無視することはできない。リヨンでの仕組みとは真逆だった。

ヨーテボリでは、三回目の契約更新は生涯契約になる決まりだった。だから学校を卒業してすぐに入団した場合、二〇歳そこそこで生涯契約を交わすことになる。それは四五歳で定年を迎えるまで、向上心がなくても、キャスティングされなくても、絶対に首にならないことを意味する。一、二年は退団して別のことをしていても、戻ってこられる制度まである。完全に守られているのだ。

しかし私は、毎日劇場に通いさえしていれば給料が保証されるという安定した環境に、飽きたらないものを感じていた。舞踊家としてもっと高みを目指したいし、同僚とも切磋琢磨したい。三回目の契約を更新し、ずっとこのまま身分が保証されると思うと、二〇代半ばにして終わりが見えてしまう気がした。とても耐えられなかった。

単純に、刺激が足りなかったのかもしれない。様々な理由から二、三年おきにカンパニーを移籍していた私だけれど、そのことで新たな刺激を得てもいた。移籍するたびにゼロになる境遇、そこで再び一から実績を上げていくという挑戦に喜びを感じてきた。しかし、ヨーテボリでは新たな挑戦は疎まれるし、国際ツアーもほとんどない。すでにＮＤＴやリヨンで実績を上げていた私は一目置かれていて、すべてが安定していた。

　これはもう一度、自らを荒野に放つべきだ、そう思った。


　欧州滞在時は、人種差別とも無縁ではなかった。ヨーテボリには、いわゆるネオナチの人たちもいた。「この日はネオナチの行進があるから街に出ないほうがいい」と言われることもあった。リヨンでも、中心から外れたスラム街では、旧植民地の子孫たちや、鬱憤の溜まった若いフランス人たちから、アジア人というだけで暴言を吐かれることはしばしばあった。

　ビザ取得のために労働局に出向けば、外国人は朝一番、六時から並ばされる。周りは移民二世・三世の子だらけ。劇場専属舞踊団の一員として国や地域の文化に貢献していても、そこでどれだけ評価されても、自分は所詮外国人なんだという意識は、拭えなかった。

　欧州には一〇年いたが、劇場文化における地域と世界の関係、芸術活動と雇用の問題、そして自分は何者かということについて、深く考えさせられた。そのすべては、いまに至るNoismの活動に大きな影響を与えている。

　まだ当時は、自分がカンパニーを立ち上げる日が来るなんて、想像もしていなかったけれど。

日本へ

欧州滞在時から、毎年夏には帰国していた。しかし私の目に映る日本の舞踊界は、未だ欧州へのコンプレックスにまみれた、未熟なものだった。

一九九七年に新国立劇場バレエ団[*3]が発足していたとはいえ、プロのバレエ団と呼べるほどの雇用形態ではなく、大きな教室が公的にまとまったという域を出ていなかった。一部の天才的な振付家たちは世界を舞台に活躍していたけれど、その才能が日本の劇場文化に活かされているとは言えなかったし、舞踊家たちの境遇は相変わらずお稽古文化の延長、バイトをしながら舞台をいくつも掛け持ちし、なんとか頑張っていた。

もちろん、欧州にもフリーランスとして舞踊活動をしている人はいる。しかしそれは、メインストリームとしての劇場専属舞踊団があった上でのオプショナル、周縁の文化だった。日本には、周縁しかなかった。

バブルが弾けたとはいえ、まだ経済的にゆとりもあったし、様々な企画や公演は実施されていたけれど、舞踊を取り巻く環境が改善されているとは思えなかった。コンテンポラリーダンスでは、欧州で踊れる舞踊家たちが「踊らない作品」を模索し始めたのをいいことに、踊れなくてもいいと開き直っている人もいるように見えた。それは麓から頂へと歩を進める登山者が、頂から下山する登山者と途中で鉢合わせて、同じ場所に立っていると勘違いするようなものだ。

そんなふうに日本の現状を嘆くうちに、ふと、自分は日本を本当に知っているのだろうかと思い始めた。成人後、日本で舞踊家として活動したことはないのだ。本拠地を欧州に置いたまま、日本批判をしているだけでは、仕方がないのではないか。やはり一度日本に帰って、自分の実力でどこまでできるのか、それがどれだけ大変なことなのか、身をもって経験しよう。日本人舞踊家として日本で活動してみよう、そう思った。

しかしそれはあくまでも「次の場所」、向こう数年間の経験のためであって、完全に帰国するつもりなどなかった。

【注】

＊1――リヨン・オペラ座バレエ団　一九六九年設立、フランス・リヨンを拠点とするバレエ団。コンテンポラリーの豊富なレパートリーで知られる。

＊2――ヨーテボリ・バレエ団　一九九四年設立、スウェーデン・ヨーテボリ市のヨーテボリオペラ座を拠点とする県立のバレエ団。現ヨーテボリオペラ・ダンスカンパニー。芸術監督ヨハネス・オーマン（任期二〇〇七～一一年）の

もとで、古典からコンテンポラリーへと上演作品の中心を移した。

＊3――新国立劇場バレエ団　新国立劇場の開場とともに設立された日本初の国立バレエ団。古典からコンテンポラリーまでのレパートリーを持つ。舞踊家はシーズンごとの「契約ダンサー」と出演演目によって契約する「登録ダンサー」がいる。

第Ⅱ部

3
「劇場専属舞踊団を作らせてください」

こうして二〇〇二年夏、私は帰国した。

日本ではどこにも所属せず、フリーランスとしてあらゆる種類の仕事に携わった。知り合いの教室の発表会で自作自演したり、北海道の教室に呼ばれてイブニングピースを創ったり、新国立劇場バレエ団や宝塚の宙組に振付したこともある。商業的な舞台への出演や、テレビ出演だってした。

日本の舞踊文化にはどんな局面があるのかを、身をもって体験したかったのだ。

このままじゃ世界と勝負できない

幼い頃からこの業界にいると、有名になるとか、社会的に認知されることに憧れを抱くし、有名にならなければ降ってこないチャンスがあるという現実も理解している。しかし同時に、父親の背中を見てきたこともあり、芸能界がいかに水ものであるかもわかっていた。

人気と質が一致しない、必ずしも質が問われないことも、どこか「違うよな」と思っていた。名前が売れればなんとか食べていけるようにはなる。しかし日本では、人気のある人が質が高いとは限らない。この現状に憤りさえ感じていた。

現代の日本には、芸能に携わる人間を親しみやすい存在にすることで、応援したくなる気持ちを引き出すという文化がある。素人であることを売りにする文化もある。しかし、私が目指していたのはその逆だ。選ばれた専門家としての舞踊家、その認識をこの国に生み出したいと思っていた。

作品を創っていても、舞踊家たちのレベルがもっと高ければ、と歯痒くてたまらない。どの現場でも、このままじゃダメだ、このままでは世界と勝負することなんてできない、という思いが募る一方だった。

そのうち、日本にこのままいるのは危険だと感じるようになった。

欧州コンテンポラリーのメジャー舞踊団を経験してきた舞踊家は当時あまりいなかったから、帰国したばかりの私が注目されるのは当然だった。踊りであれ振付であれ、培ってきた技術や経験には需要がある。しかしそれは所詮、自分の切り売りだ。それによって新しいクリエイティビティや自らにとってプラスになる何かを得ることはなく、まるで身売りをしているような気分だった。生活には困らなかったけれど、これはヤバイ、と直感した。再び日本を離れるしかない、そう思った。

そんな折だった。「りゅーとぴあ 新潟市民芸術文化会館」から、「芸術監督になってくれないか」と声がかかったのは。

「劇場専属舞踊団を作らせてください」

二〇〇三年、市民参加型のミュージカル「家なき子」の振付と出演をりゅーとぴあから頼まれ、その舞台が成功した直後のことだ。

二〇〇〇年代初頭、日本の地方劇場では独自の舞台芸術を創ろうという気運がようやく生まれ、芸術監督を置く劇場も出始めていた。しかし、当時私が委嘱された「芸術監督」というのは、本拠地は東京に置きつつ、東京で自分が携わった作品を呼んできたり、「りゅーとぴあは今後こういうことをやってはどうでしょう」と助言をする、いわゆるアドバイザー的な役割であった。

そのような名義貸しや、東京の舞台の買取先としての地方劇場に興味はなかったし、意味がないと思っていた。一方で、日本を離れようと思っていた私は、これはチャンスかもしれないとも思った。人は失うものはないと感じたとき、強い覚悟を持つことができる。そこで、「自分は劇場の『顔』になることには興味がありません。劇場専属の舞踊団を作らせてもらえるのなら、芸術監督を引き受けます」と逆に提案した。

りゅーとぴあ 新潟市民芸術文化会館[*1]は、一九九八年開館、二〇〇〇人規模のコンサートホール、九〇〇人規模の劇場、能楽堂という三つの専門ホールにスタジオやギャラリーを備えた公立の大規模複合施設である。

ミュージカルの製作で稽古場や劇場を使った経験からも、りゅーとぴあがすばらしい施設であることはわかっていた。専属集団を想定して建てられてはいないけれど、施設として大きな可能性を感じていたし、専属集団を抱えることは不可能ではないと思った。

それに、事業予算としてはかなりの額があるようだった。しかしその予算は、東京や海外から人や舞台を呼んでくるために使われている。「地方でもこれが見られる」あるいは「地方でもこれだけできる」といった、地方テレビ局的な感覚で予算は消費されて、東京に売り込んだり、世界と勝負したりするような、新潟独自の舞台芸術の創造／発信に使われてはいなかったのである。この状況は変えられる。そう確信した。

つまり、専属舞踊団を立ち上げたいとは言ったが、そのための予算を新たに確保してくれと言ったのではない。これまで東京の舞台を買ったり、単発の打ち上げ花火的な事業に使ったりしてきた予算を、継続的な事業、すなわち専属舞踊団を抱えるために使いませんか。そうすれば、そこで生み出した舞台芸術を東京や世界に発信することができます。予算を増やさなくとも使い道を変えればいいだけです、というのが私の主張であった。

公立劇場の意義を問い直す

「劇場専属舞踊団」とは、劇場が一つの舞踊団を丸ごと抱えて、舞踊家やスタッフの給料や社会保障、日々の稽古・創作のための環境を提供し、その創作物を劇場から発信していく欧州の劇場文化システムである。

二年間日本で活動をしてみて、日本の劇場文化の拙さには辟易していた。地方再興計画で莫大な額の税金が配られ、立派な劇場施設が全国各地に建てられているが、その中身がまったく考えられていない。なぜこんなもったいない使い方をするんだろう、と歯痒くてたまらなかった。

劇場とは、「見ず知らずの数百~数千人の人間と共に腰を下ろし、同じ出来事を共に体験する」という、非日常的な空間である。社会がどんどん個人化していく時代において、これ自体が特殊なことであり、それゆえ社会的価値は高まっていると思う。

非日常的な場である「劇場」には、現代社会を鏡のように映し出す力がある。社会をいつもと違った角度から眺めることで、見落とされている物事の価値に気づき、人間存在について深く考察することができる。日常生活では味わえないような感動に出会うこともできる。劇場で感じたことを批評し、他者と議論することは、社会に対して個々人が主体的にかかわることにもつながっていく。

たとえば、舞踊家が非常にゆっくりと動く。日常生活でそんな速度で動く人はいないけれど、その姿から観客は、速度とは何か、もしかしたら自分と違う速度で生きている人もいるのではないかと、日常に疑問を抱くことができる。加速度的に忙しくなっていく現代社会の流れに抗うように「いまこの時」を噛みしめること、生きようとすること。舞台芸術には、そのように社会から否定されているもの、あるいは忘れられている感覚に気づかせる役割もある。人間の本質に触れられる場所。劇場とはそういう場であるべきだと思う。

素人の身体を舞台に載せても、「社会の鏡面」にはならない。鏡像は実像と対称であるべきで、劇場の舞台に立つのは、トレーニングを積んだプロフェッショナルな身体であるべきだ。プロフェッショナルな舞踊家たちは、「人間の本質」を自らの身体で証明しなくてはならない。

そのような身体の獲得を、集団で実践することも重要だ。舞踊家たちは集団で活動することによって、個々人のスキルを向上させることができる。他者からの影響なくして成長はあり得ない。自分さえよければ、自分さえ有名になれば、という姿勢で自分の限界を超えられるほど、身体表現は浅くない。日々鍛錬を共有し、技能や教養を交換し合い、互いに切磋琢磨しながら集団として成長していく。その蓄積によってこそ、その集団にしか表現し得ない舞台芸術を創造することができる。

私が提案したのは、そのような高い専門性を持った舞踊団を、公立劇場の専属として立ち上げることであった。

税金を使って維持される以上、相応の専門性と社会性を担保する舞踊団でなくてはならない。

舞踊家としての専門性と社会性は、市民の目、批評、賛同に晒され続けることで初めて養われる。そのために給与を支給し、集中してトレーニングできる環境（時間と場所）を与える。「劇場専属」とは、舞踊家を育成し、集団の質を維持するための最適な方法なのだ。

舞踊家の「質」を確保する

舞台芸術の大きな特徴として、集団活動の質が表現の質に大きくかかわるということがある。欧州では、舞踊家は常に選ばれている。学校に入るとき、卒業するとき、バレエ団に入るとき。さらにバレエ団内部でもヒエラルキーがある。現代の舞踊団の芸術監督たちは、伝統的な階級制を変革してきた。けれどそれは、階級制そのものが失われたことを意味しない。そのありようが集団ごとに変化しただけである。ベジャール・バレエ団なら振付家が魅力的と感じるか否か、NDTなら勤続年数や集団への貢献度、リヨン・オペラ座バレエ団なら舞踊家の商品価値といった、それぞれの指標に基づく階級制は、いまも存在する。

そうして厳しく選ばれた人たちだけが舞踊家という職業を手にすることができる。その前提があるから、観客のほうも中途半端な踊りにお金を払ったりはしないし、頑張っているからということで評価したりはしない。確かな質が保証されているからこそ劇場は信頼され、劇場文化の持続性が保たれているのだ。

一方、日本はやはり知名度主義だ。「この人たちはプロである」という基準がないから、観客は誰が上手で、どの舞台がよい舞台なのかを、その知名度で測るしかない。出演者が有名かどうか、振付家が有名かどうか、作品が有名かどうか。芸能界と変わらないのだ。だから有名なものに高額を払う観客は多い一方で、優れた無名の踊り手を評価できる見巧者は極めて少ない。有名ならきっと上手なんだろうな、という気になってしまう。

舞踊家たちも教室の先生たちもそれをわかっているから、まずは有名になろうとする。コンクールで賞を取るというのは最も効率のよい方法で、海外コンクールにおける日本人参加者は他国の参加者を圧倒しているし、国内にも数多のコンクールがある。Noism のオーディションに来る舞踊家の履歴書にも、「○○コンクール何位」という経歴をよく見かけるのだが、実際の踊りを見てその質に愕然とすることがある。

コンクールとは結局、その演目に特化した評価でしかない。同じ演目を何百回と練習し、よく見せる術を身体に叩き込んできたから上手に見えるだけで、演目が変わると途端に質が落ちる。それは応用の効かない特殊な訓練を続けてきただけのことである。

さらに問題なのは、それである程度の評価を受けてきた自負があるから、さらなる高みを目指すために踊り方を変えるとか、自分をゼロに戻すということができない。その結果、大成しなかった舞踊家は枚挙に暇がないし、身体のケアに対する知識も乏しいから長くは踊れない。ようするにプロとして活動できないのだ。

りゅーとぴあに専属舞踊団の立ち上げを提案した際に掲げたのは、プロと呼べるレベルの舞踊家集団を日本に作ることだった。バイトがあるからとか、生活が困窮しているからといった言い訳はいっさい通用しない。生活は保障するから、朝から晩まで鍛錬できる環境を作りたかった。舞踊家とは、この広く多様な社会において、人間とは何かという普遍的な問いを、その身を通して探求し続けている求道者のような存在であり、それゆえに社会的保障を必要としている専門家だという認識が私にはあるのだ。

運命の出会い

ここで公私共に私を支えるパートナー、井関佐和子[*2]との出会いを振り返っておきたい。話は私のリヨン時代に遡る。

あるとき、ルードラの後輩から電話がかかってきた。ものすごい偏見だけれど、当時私は欧州に留学している日本人の女の子があまり好きではなかった。欧州のバレエ学校は学費さえ払えば入れることも多く、日本人同士でつるんで欧州生活を楽しんでいる、ハングリーさが感じられないというイメージがあったのだ。

「ＮＤＴのオーディションを受けたいと思っているんですが」と言う彼女のことも、そういう女の子の一人だろうと思い、「オーディション受ければいいじゃん」とかなり冷たく言い放って、電話を切った。入団は自分の実力で勝ち取る他ないのだから。

その後しばらくして、振付をしにＮＤＴを訪れると、彼女がいた。無事受かって入団していたのだ。「実は数年前にルードラから電話したら、冷たくあしらわれた者です」と自己紹介されて、「ああ……そうなんだ」と笑った。

実際に会うと、当時の自分の見立てが誤解だったとすぐにわかった。彼女は自分の夢や目標に向かってとてもハングリーに、着実に努力を積み重ねている人だった。意気投合し、恋に落ちた。

考えてみれば、数奇な運命だ。ルードラ、ＮＤＴと同じ道を辿り、スウェーデンでも一緒だった。彼女からしたら、それが悲劇の始まりだったわけだけれど。

私が日本に帰ると言ったのは、佐和子がストックホルムのクルベルグ・バレエ[*3]に入って一年目のことだ。待遇は恵まれていたが、彼女もその頃ヨーテボリでの私のように、燃え尽き症候群のようになっていた。「一度踊りから離れてみたい、私も日本に帰る」と、私と一緒に帰国することにした。

佐和子とはつきあい始めるとき、「一緒に仕事はしない」と約束をしていた。そこには私が自分の苦い経験から得た教訓があった。パートナーだからといって主役にするとは限らない。彼女は自分以外の人が私の作品で主役を踊ることに耐えられるのか。私はそれに耐えられるだろうか。足を踏み入れないのがお互いのためだと思った。

「もう踊らなくていい」と言って帰国した佐和子だったが、踊りをやめられるはずもなかった。優れた舞踊家である佐和子にはすぐに舞台への声がかかるし、在籍していたクルベルグ・バレエからも「ツアーに参加してほしい」と打診が来た。結局、彼女は再び踊り始めた。

帰国して一年が過ぎた頃、東京でセルフプロデュース公演《no・mad・ic・project》[*4]を行うことになったときは、二人で話し合いを重ね、「一度やってみよう」という結論に達した。そしてオーディションに参加した彼女は、見事に役を勝ち取った。それは、振付家として冷徹と言えるほど冷静に判断した結果だった。

佐和子は本当に強い人だ。Noism の創設メンバー募集の際も、一切優遇はせず、他の全員と同じ条件でオーディションを受けてもらった。Noism が始まってからも、メンバーはどうしても「穣さんのパートナーだし」という目で見る。そう思われるのは、すごく嫌だった。そうじゃないと証明するためにも、彼女へはとてもきつく当たっていたはずだ。

私も負けず嫌いだけれど、彼女のそれは相当なものだ。本気でやりたいと思うことを見つけたときの姿には、鬼気迫るものがある。それが彼女の最大の魅力だと言って過言ではない。振付家としての課題はいかに彼女を本気にさせられるかだ。演出でも、テーマでも、身体性でもいい。本気で取り組みたいと思える課題を与えられると、彼女の力は爆発する。

蜃気楼の街で受けた一報

名義貸しの「芸術監督」就任を打診したところ、前代未聞の逆提案をされたりゅーとぴあは、さぞ驚いたことだと思う。返事は半年ほど待たされた。

専属舞踊団の設立にゴーサインが出たという一報を受けたときのことは、忘れない。

あれは二〇〇三年の一一月、私は富山県の海沿いの町、魚津市にいた。佐和子が演劇の舞台に出演するというので、予定のなかった私も観に行ったのだ。

その日私は自転車を借り、市内を回っていた。海沿いの魚津埋没林美術館を観て、外に出ると、突然雨が降ってきた。急いで劇場に戻り、舞台スタッフのバンに自転車ごと乗せてもらった。せっかくの休日に大雨に降られるなんて。佐和子と二人で荷台にうずくまり、どんよりした気持ちで下を向いていたとき、りゅーとぴあからの電話が鳴った。

「金森さん！　決まりました！」。声の主は興奮していた。

歴史が動いた。そう強く感じた。

それはカンパニーのオーディションに受かるのとはまったく違う、振付作品が喝采を浴びるのとも違う。何か得体の知れない大きな力に掴まれた、そんな感覚だった。

蜃気楼の街で私は、久しぶりにゼロになった。


「専属舞踊団設立」という前代未聞の提案に、りゅーとぴあ内では様々な議論があったそうだ。最も情熱的に尽力してくださったのは、私に電話をくれた当時の事業課長である。

その事業課長はイギリスに劇場文化の調査にも行かれたことのある方で、日本の劇場文化の拙さを承知しておられたのだろう。聞いたところによると、篠田昭[*5]市長（当時）に直談判してくだ

「劇場専属舞踊団を作らせてください」

さったらしい。市長に「君は、自分の首を賭けてでもこれ（Noism設立）をやるのか」と問われ、「やります！」と答えてくれたというのだから、すごいことだと思う。公務員として、自らの首を賭けて新しい事業を始められる人はそういない。本当に感謝している。

篠田市長も、当初は多少懐疑的だったようだが、始まって以降は応援してくださるようになり、一四年間もの間Noismを、そして私を応援してくださった。篠田さんが市長でなければ、とてもここまで来られなかったと思う。しかし、そうして篠田さんの文化政策というイメージが定着したことで、市長交代とともにNoismは危機を迎えることになる。

こうしてNoismは二〇〇四年四月に始動したわけだが、首を賭けてくださった事業課長はその前月、三月末で異動になってしまった。思い入れを持って立ち上げた人が長くいられない。そしてその想いは必ずしも受け継がれていかない。それが行政のあり方だから仕方がないのかもしれないが、ため息しか出なかった。その後もこの元・事業課長は公演を観に来てくださっているし、劇場であまりに理不尽なことが続いたときには、ご自宅に伺って相談に乗っていただいたこともある。けれど別の施設に移られた方にできることはない。「応援していますから」という言葉をいただいて、雨の夜道を帰った。

最大の理解者を失った状況で、Noismの活動は始まったのである。

【注】

＊1――りゅーとぴあ 新潟市民芸術文化会館　音楽・舞台芸術の中心・発信地となるべく設立された公共劇場。市民公募により、新潟の代名詞「柳都」と「ユートピア」にちなんで名づけられた。

＊2――井関佐和子（一九七八～）　舞踊家。高知県生まれ。三歳より一の宮咲子にクラシックバレエを師事。一六歳で渡欧、スイス・チューリヒ国立バレエ学校を経て、ルードラ・ベジャール・ローザンヌで学ぶ。九九年、ネザーランド・ダンス・シアター2、二〇〇一年クルベルグ・バレエに所属。〇四年、Noism 結成メンバーとなって以来、金森穣作品において常に主要なパートを務める。一〇年より Noism 副芸術監督、二二年九月より Noism Company Niigata 国際活動部門芸術監督。第三八回ニムラ舞踊賞、令和二年度（第七一回）芸術選奨文部科学大臣賞受賞。

＊3――クルベルグ・バレエ　一九六七年、ビルギット・クルベリが創設したスウェーデン・ストックホルムのバレエ団。クルベリの後、息子マッツ・エックなどが芸術監督を務めた。

＊4――no・mad・ic project―7 fragments in memory　欧州から帰国後、初めてのセルフプロデュース公演。二〇〇三年二月アートスフィアで初演。第三回朝日舞台芸術賞「舞台美術賞」「キリンダンスサポート」をダブル受賞した。

＊5――篠田昭（一九四八～）　元新潟市長（第三二～三四代）、学校法人新潟青陵学園理事。新潟日報社編集局学芸部長、編集委員、論説委員などを経て、二〇〇二年、新潟市長選挙に立候補し（無所属）、初当選。四期一六年を務めた。近隣一五市町村との合併をまとめ、新潟市の政令指定都市移行を実現。「水と土の芸術祭」など文化事業にも力を入れた。レジオン・ドヌール勲章シュヴァリエ（フランス）、北極星勲章（モンゴル）、旭日中綬章受章。

4

なぜ劇場専属舞踊団が必要か

利用はあるが創造がない

劇場専属舞踊団というアイデアを出したのは、その活動が劇場を抱える街の活性化、日本という国の文化的発展にも寄与できると思ったからだ。

日本の劇場の前身は、公会堂である。地域の人々がのど自慢大会や発表会、集会や演説などをするのに借りる会場＝市民会館というのが、日本の劇場文化の前提にある。欧州の劇場には市民が使うという発想はない。あくまでもプロが舞台芸術を創る場所、音楽家や舞踊家、役者や歌手といった専門家の活動拠点というのが大前提だ。

市民会館という開かれた市民のための場と、劇場という開かれた専門家のための場。どちらも「開かれている」べきであることに変わりはないが、両者には大きな違いがある。市民会館が市民の利用、外部から来る様々な公演を市民に提供するといった「利用・提供」を目的とするのに対し、劇場とは専門家を抱え、専門家が日々の訓練をしながら「舞台芸術」を創造し、世界に発信するという「創造・発信」が目的の場であるということである。

我々が活動する新潟市民芸術文化会館もその名の通り、市民会館的な位置づけで設立されている。だから劇場専属舞踊団であるNoismも、スタジオはできる限り市民利用のために開放することを求められる。舞台の利用についても、常に他の利用者と場所取り合戦を繰り広げなくてはならない。

もちろん、日本でも伝統芸能の場合は、能楽師が将軍に抱えられるなど欧州の王室オペラハウスと似た構図の時代があった。日本の伝統芸能が戦勝国である欧州の舞台芸術と大きく違ったのは、戦後、敗戦国の文化として民間に運営が委ねられたことである。

欧州のように自国の大切な文化である舞台芸術を、国策として発信していこうという意識や土壌がない国で、いくら欧州に匹敵する劇場施設を新しく建てても、そこに専門家がいない限り、所詮は市民会館、市民が使うための場所の延長にしかならない。変革が必要なのは施設ではなく、使い方なのだ。

日本の芸術文化が知的に成熟していたのは、一九六〇年代だろう。安保問題を筆頭に、世界の中の日本のあり方を問う時代でもあり、西洋の借り物ではないこの国独自の芸術文化を創ることに情熱を傾けた人たちがいた。文字通り地下から出てきたような「アングラ」な芸術活動が演劇でも舞踊でも興り、知的水準の高い人たちが応援していた。

いくらアングラとはいえ、活動を持続していくためにはインフラ、活動基盤が必要だ。けれど日本にはそれがなかった。そこで日本にも創造型の劇場を作るべきだという動きが興り、九〇年代には水戸芸術館[*1]や静岡県舞台芸術センター[*2]、世田谷パブリックシアター[*3]などいくつかが実現した。しかしそれは音楽や演劇の話であって、舞踊では新国立劇場[*4]以外に、そうした動きはなかった。その新国立劇場も、運営方針やバレエ団の設置には紆余曲折があったと聞くし、いまなお世界の国立バレエ団と肩を並べられる状態にはない。

アーティスト側の問題

これは必ずしも行政の問題だけではない。アーティスト側にも問題はある。私も、あのままアドバイザー的な芸術監督の話を引き受けていれば、Noismはできていなかった。芸術監督になった人が持続的で集団的な活動に意義を見出さなければ、また、それを行政側が承諾しなければ、実現しない。アーティスト自身にも世界水準から見て日本の劇場文化をどうしていくべきか問題意識を持つことが求められる。

それにしても皆、芸術監督であることの価値をどこに見出しているのだろう。自分の作品が創れること？　任期中に劇場で様々な試みができること？　……それは確かだけれど、任期はいずれ終わるわけで、それではその劇場や地域に何を残したことになるのか。

私は劇場専属舞踊団を立ち上げることを通して、自分一人の作家性や舞踊家人生を超えたスパンのものに献身していると思っている。極論、私が死んでも残るもの、自分一人ではない、もっと多くの人たちの価値になるものに身を捧げていると信じている。

本来、人々が生きていく社会において文化がどんな役割を果たすかを考えるのが、行政の文化政策だが、この国では専門家たちは民間で活動しているから、行政にできるのは支援することぐらいだ。つまり日本の文化政策はあくまでも「支援」であって、「政策」ではない。けれどNoismのような地域が抱える専門家集団がいれば、行政もその集団を使ってどんな政策が展開できるかを考えられるようになるし、専門家たちも地域の文化にどのようにかかわれるかを考えるようになる。

今後、日本が文化面で欧米諸国と対等に渡り合いたいのなら、日本には「学ぶべきもの」がある、ということを立証していかなければならない。舞踊の世界で言えば、それは集団活動を通して独自のメソッドを確立することであり、そのメソッドに基づいた、欧米にはない舞台芸術を創造発信することである。そのためには日本の劇場文化の成熟が不可欠であって、日本独自の新しい劇場文化の構築は、行き詰まりを見せている欧米の劇場文化に一石を投じることにもなるはずだ。そうなって初めて日本の劇場文化は欧米の真似事を超えた、世界に誇れるものになる。

劇場文化一〇〇年構想

Noism の設立当初から、私はことあるごとに「劇場文化一〇〇年構想」を唱えてきた。

なぜ一〇〇年なのか。それはその実現には三世代に及ぶ献身と継承、何より事業の継続性が必要だと考えたからだ。どんな老舗でも、次の世代が前の世代のやり方を変えたり、そのことで成功したり失敗したりと、紆余曲折があるものだ。そうした浮き沈みを経てなお継続される事業＝

劇場文化、それこそが私の考える一〇〇年構想である。

　劇場が単なる上演施設ではなく、芸術創造および発信のための施設であるという意識をこの国に植えつけるというのは、一人の人間が実現できることではない。二〇世紀的な一人の天才による革新ではなく、理念と情熱が文化政策として継承されていくことが必要である。

　私は不思議な巡り合わせで、日本で初めての劇場専属舞踊団を始める機会を得たからこそ、それに人生を捧げているわけだが、生きている間に目指す理想が完結するとは思っていない。私にそこまでの能力はないし、立ちはだかる壁の手強さもわかっている。次の世代がまた新しい感覚で引き継いでいってくれればと願うばかりだ。私がカンパニー名に自分の名前を入れなかったのも、そうした考えから来ている。

　Noismも設立から一八年、当時生まれた赤ん坊が高校を卒業するほどの時間が流れた。いまでは当初の観客の子ども世代、さらには孫世代までが見にきてくれている。観客を育むにも時間がかかる。だが、芸術を見る目は、時間をかけて培われるほど揺るぎないものになっていく。

　日本にバレエがもたらされたのがいまから一〇〇年ほど前。日本で初めてバレエが上演されたのは一九一一年、帝国劇場の開館を記念して披露された「フラワー・ダンス」だと言われている。

私が「日本はどうしてこうも変わらないのか」と嘆くたびに、日本の舞踊界を見続けてこられた評論家・山野博大[*5]さんはこうおっしゃったものだった。「でも金森さん、日本にバレエが入ってきてまだ一〇〇年だから。時間がかかるんだよ」と。

私たちが携わっている舞踊は、わずか一〇〇年前にこの国に来たものにすぎない。一〇〇年経ってこの状態なのだ、いまやろうとしていることを成し遂げるのに、同じだけかかっても不思議ではない。二一世紀を生きる私たちは、あらゆる意味で一〇〇年先を見据え、また一〇〇年前を見つめ直す必要があるのではないだろうか。

もちろん、私はここまでの一〇〇年とこれからの一〇〇年を同じ枠組みで捉えているわけではない。タイムスパンがどんどん短くなっている現代である。テクノロジーや情報技術は、毎年のようにドラスティックな進歩を遂げ、世の中は実に目まぐるしく変化している。一〇〇年後の未来がどのような社会になっているかなど、想像できる人もいない。

しかし、身体はそうではないだろう。たとえ身体の一部が機械化されても、あるいは仮想空間に第二の仮想身体を持ったとしても、私たちのこの有限なる身体は、容易に弛緩し、堕落し、衰退するという本質を変えることはないだろう。それゆえ身体本来の力を喚起し、錬磨し、強靱な質に至らせるのに、実に膨大な時間とエネルギーの堆積が必要であることも、変わらないだろう。

そこにこそ、生身の身体によって実演される舞台芸術の真髄が、その価値があるのだと、私は考えている。

公立劇場を「街の劇場」にするために

地方の公立劇場が専属集団を抱える最大のメリットは何かと問われれば、市民が日常的に質の高い芸術に触れられることだと答えるだろう。

しかし、劇場がその活動を「市民のためのもの」と限定することには、危険性がある。Noismは新潟の舞踊団だから、新潟市民に恩恵があればそれでいい、となれば、専属集団の本当の価値は提供できない。

それは第一に、恩恵を受ける人数が限られるからである。りゅーとぴあは新潟市民の芸術文化会館だが、市民八〇万人のうち利用するのはごく一部の人たちだけだ。税金を投じて運営しているのに、特定の人しかアクセスしない場になってしまっている劇場は、コストに見合った役割が果たせていると言えるだろうか。

施設を最低限活用したいと思うのなら、教育委員会と行政が連携して、公立の教育機関は必ず鑑賞授業をするという制度を設けるべきだ。子どもたちが生の芸術に定期的に触れながら育っていくことで、劇場文化は街の文化として定着していく。専属集団がいれば定期的に公演を観せられるし、学校に出向いていくこともできる。

専門家を抱えた施設を税金で運営している欧州では、そこで働く専門家側にも国内ツアーや子ども向け公演が課せられるなど、市民に還元するための施策がとられており、劇場が市民にとって身近な存在になっている。チケット料金も日本と比べるとはるかに安い。毎週末なんらかの公演が劇場で行われていて、誰もが気軽に観に行ける環境がある。専門家たちはそうした文化を担う人たちだからこそ、身分や生活が保障されているのだ。

公立劇場を「市民のためのもの」と限定するもう一つの危険性は、その質的水準が市民の感覚に委ねられてしまうことにある。市民の多くは、必ずしも舞台芸術の世界水準を知らない。だからテレビで見たことのある俳優や、東京で名が売れている舞踊家が来るだけでありがたがってしまう。そうすると、地域の舞台芸術に対する感覚はその域を出なくなり、テレビや東京をありがたがる感覚が無意識に埋め込まれてしまう。

我々が世界と勝負している、と言う理由はそこにある。世界で評価される舞踊団であるということは、たとえ普段はある限定された地域の人たちにしか提供していなくても、同じものが世界の人々に感動を与えられる水準のものであることを意味する。

世界から招聘を受けるような一流の舞台芸術の世界初演を、どこよりも安い値段で、世界で一番に観られる。ワークショップなどを通じて、その専門的身体知を学ぶこともできる。海外の人々が感動しているものを、自分の住む街で体験できること。自分が世界とアクセスできているというリアリティ、「ああ、この感動を地球の裏側の人も味わったんだ」と思えることで開かれる感性やイマジネーション。それは世界的活動を展開する劇場専属集団を抱えることでしか得られない価値である。

膨大な額の税金が毎年劇場の運営に使われている。だとしたら、そのお金を、東京から人を呼ぶための法外なギャラや、公演が終われば何も残らない事業に使うのではなく、恒常的に人材を雇用し、育成し、劇場内部で舞台芸術を創り、それを持って全国、さらには世界に出ていくという、後世に残るシステムを構築することに使うほうがいいのではないか。

そういう制度を作るところまでやらない限り、胸を張って「街の劇場だ」とは言えないのではないか。それができていないことを自覚しているから、劇場のあり方についてはあまり触れられたくないというのが、行政のリアリティなのではないだろうか。好きな人たちだけが利用して、かれらが反発しなければいい。その意識で居続ける限り、この国の劇場文化は成熟していかないだろう。

芸術文化の価値を「伝える」には

クリエイティブなものに触れることで街が受ける豊かさや価値というのは、数値化もできなければ、言語化することも難しい。だから地域貢献はどうしても、集客数や市民向けのワークショップの回数といった、数値化しやすい活動に託されてしまう。

しかしそのワークショップも、問題は質である。私が考えるワークショップとは、単なるダンスクラスや一回性のイベントではなく、専門的身体知を継続的に提供する場だ。他者に専門的身体知を提供するには、それ相応の経験と教養はもちろん、日々研鑽を積み、自らをアップデートすることが必要だ。身体知とは確定された「情報」ではなく、「生きた知恵」なのだから。

作品を観たからといって誰もが簡単に感動できるわけではないというのも、舞台芸術の難しい点だ。感動するには知的教養、幼少期からの観劇体験の積み重ねで磨かれる感受性が必要になる。提供側が質や水準を担保する一方で、受け取る側にも要求されるものがあるのだ。人によって届き方の深度が違う、誰もがこれで喜べますよ、と言えないものに対して、普遍性の高い社会的な価値を見出すのは難しい。

そこで必要になるのが、専門的言説で市民生活と芸術活動をつなぐことのできる人材の育成だ。政治家でも文化官僚でも、アーツカウンシルのような専門機関で働く人でもいい。幼少期から世界水準の劇場文化に触れてきた人材が文化政策にかかわること、その専門人材の育成こそが、この国の劇場文化の未来には必要だ。

いまこそ地方から世界と勝負しよう

大切なのは、「地方から」世界と勝負することだ。

たとえばバレエでは、すでに相当数の優れた才能のある日本人が海外に出ていっている。若い頃に単身でこの国を発ち、世界各国のバレエ学校で研鑽を積み、世界有数のバレエ団で活躍しているかれらの多くは地方出身者である。なぜなら地方でバレエを始めた子の親は、我が子を東京のバレエ団に所属させたところで、舞踊だけで生活していくことなどできないことを知っていて、海外に出るチャンスがあれば、全力でサポートするからだ。

海外のコンクールで受賞することが世界に出ていく一番の近道である。受賞者が出ること自体はすばらしいことだけれど、その理由も理解せずに、政治家やメディアが「だから我が国はすごい」と言うのは間違っている。国が何もしてくれないから海外に行くのだ。

そうして海外に出た舞踊家たちは、基本的には日本に戻ってこない。帰ってきても食べてはいけないし、自分の培ってきたものを社会に還元する環境がないからだ。そもそも国から恩恵を受けた記憶がないのだから、還元しようという意識にさえならない。

国の才能がどんどん外に出ていっていることに対して、何もできていない。この不毛さをなんとかしたい。日本の各地に専属舞踊団を擁する劇場があって、高い水準の活動が展開されていれば、海外に出ていろんな経験をした人が戻ってきたいと思う場所になるはずだ。

欧州のカンパニーでは近年、世界的に高く評価されている専門家さえ追い出され、カンパニーの維持が難しくなってきている。舞台芸術がどんどん消費社会に近づいていっていると嘆かずにはいられない。日本は長く欧州の後追いをしてきたが、追いつく前に欧州のほうが変わってしまった。だとしたら、いままでの蓄積を放棄することなく、かれらを反面教師として、日本独自の劇場文化を生み出していけば、欧州が失った舞台芸術の中核を取り戻すことができるのではないだろうか。

劇場施設だけ見れば、日本には欧州各国がうらやむような立派な建物がたくさんある。中身、活用方法を改善すれば、欧州にさえなしえなかったような劇場文化を創る土壌は、整っているのである。

アーティストこそ、地方へ

東京への一極集中の弊害については、数十年にわたってあらゆる場で語られてきた。にもかかわらず、若者は相変わらず東京に集まり、地方の疲弊は続いた。理由は簡単だ。経済・消費・娯楽を重視すれば、人口の多い東京に住むほうが、メリットが大きいからである。では、経済指標では測れず、消費よりも蓄積や継承が重視され、単なる娯楽を超えた精神にかかわる感動を生むものは何か。それが、芸術文化である。

芸術文化を保存・蓄積し、創造・発信していくためには、すでに述べたように、時間と場所が必要だ。まず土壌を耕し、選び抜いた種を播き、時期が来るまで丁寧に世話をして……と、長い時間とエネルギーをかけなくては、質の高いものは生まれない。本来、時の流れがゆったりしていて場所もある地方こそ、その強みを発揮できるはずだった。しかしその地方にさえ、都市型の経済重視の社会構造がすっかり入り込み、まずは「東京はどうか」を気にする東京依存と、世界に無関心で非常に内向きの意識が形成されてしまった。

発展より共存、成長より成熟が問われる時代である。もはや、中央から下に下ろすという次元での「地方創生」をしている場合ではない。地方都市は世界の中の一都市という認識に立ち、その特色を活かした国際交流や、芸術文化の発信をしていかなければならない時期に来ているのではないだろうか。

日本のアーティストはもっと地方に出るべきだと思う。芸術活動と経済の距離が近くなった現代、商品としてのアートを売り込みやすく顧客の多い東京という市場を離れがたいのはわかる。しかし、東京は市場であって、畑ではない。人をたくさん集めたいイベントをやるには最適だが、周りに翻弄されることなく集中して自らと向き合おうと思えば、地方のほうがずっと有利だ。時間も場所も安く手に入る。日々トレーニングを通して身体と向き合わなくてはならない舞踊にとって、これは重要な点だ。

そして、皆が東京にいるのなら、自分は地方を選ぶ。それこそが、既存の社会権力や暗黙の規範に対して疑義を投げかけ、大衆が流されていく道とは異なる道を選ぶ強さと感受性を持つアーティストの姿勢ではないのか。

また、未開の地で活動を始めるほうが、舞踊団と観客が一緒に成長していけるし、独自の文化を築きやすい。自分たちの活動が誰によって支えられているのかを意識化することでしか、見出せないものがあるからだ。

Noismも設立から一八年。新潟を本拠地に世界を相手にしてきた結果、観客たちも齢と経験を重ねて成長してきた。舞台の感想にしても、いまでは「こんな深いところまで見てくれているのか」と、こちらが驚くほどのものが多い。観続けることによって観客も成熟するし、観続けられることによって、舞台人も成熟する。舞台はやはり相互に成熟していくものなのである。

【注】

＊1――水戸芸術館　一九九〇年設立、茨城県水戸市の複合文化施設。水戸市制一〇〇周年記念として、初代館長に吉田秀和を迎えて開館した。コンサートホール、劇場、現代美術ギャラリーを擁し、専属楽団と専属劇団を抱える。二代目館長は小澤征爾（二〇一三年〜）。

＊2――静岡県舞台芸術センター　静岡県の文化政策の一環として一九九五年発足。一九九七年より鈴木忠志芸術総監督のもとで本格的な活動を開始。静岡市駿河区の専用劇場と稽古場（舞台芸術公園）を拠点に、俳優、舞台スタッフが活動する日本で初めての公立文化事業集団。芸術総監督は人事権と予算の執行権を持つ。二〇〇七年より宮城聰が務めている。

＊3――世田谷パブリックシアター　一九九七年設立、東京都世田谷区の公共劇場。約六〇〇席の主劇場と二〇〇席の小劇場（シアタートラム）、稽古場や作業場、音響スタジオなど、舞台作品創造のためのスペースを擁し、現代演劇と舞踊の専門的な創作・上演と、市民への普及啓発・人材養成の両面での活動を展開する。芸術監督は白井晃（二〇二二年～）。

＊4――新国立劇場　一九九七年設立、現代舞台芸術における日本唯一の国立劇場（東京・初台）。オペラ劇場、中劇場、小劇場の他、オペラ・バレエ・演劇の研修所を擁し、質の高い舞台の上演、世界的な芸術家の育成を目指す。芸術監督は、オペラ部門：大野和士（二〇一八年～）、舞踊部門：吉田都（二〇二〇年～）、演劇部門：小川絵梨子（二〇一八年～）。

＊5――山野博大（一九三六～二〇二一）舞踊評論家。慶應義塾大学在学中の一九五〇年代より新聞・雑誌に評論活動を展開。文化庁の審議会委員などを歴任するとともに、舞踊関連の各賞の選考委員、コンクールの審査員を務めた。

5 苦難のはじまり

無主義としてのNoism

カンパニーの立ち上げが決まり、名前を決めることになった。

まず心にあったのが、これはこの国に初めてのものだ、ということだった。前例がないので、どうなるかまったくわからない。専属舞踊団とはいえ、私たちは欧州のように劇団職員ではないし、施設の優先利用も制作体制も整っていないのだから、りゅーとぴあの名前をつけるのもおかしい。かといって、すでに述べたように金森穣の名前はつけたくなかった。

そこで「No-ism（ノイズム）＝無主義」というカンパニー名をつけた。無主義で始めることによって、活動の果てに「ある主義」が見出されるのではないかとの思いがあった。

東京・大阪・新潟でのオーディションで選んだ創設メンバーは、一〇人。これは、私が最低限ほしいと要求した人数だ。佐和子以外に欧州でプロとして活動してきた者はいなかった。バレエ教室出身、モダンダンス教室出身、ストリートダンス出身など、出自は多様だったが、皆アルバイトをしながらチャンスがあれば舞台に出演し、食いつないでいる、いわゆる日本の舞踊家たちだった。

当時の彼らは、才能はあるが、まともな稽古を積み重ねた経験がなく、まるで野放しの動物のようだった。運動能力は高いし、華もある。しかし技術は基礎のない自己流のものばかりで、私から見れば到底プロとは呼べないレベルだった。だから私は日々調教師のごとく厳しく稽古をつけて、基礎をたたき込んだ。

私も若かったけれど、みんなも若かった。私は世界と勝負するために始めたのだから、早く結果を出したい。一方、それまでフリーランスで苦労していた彼らは、毎日通える稽古場があり、初めて給料をもらって踊ることができる、その恵まれた環境にワクワクしているようだった。私が何を目指していて、この環境を日本で唯一享受していることにどんな意味があるのかなんて、きっとわからなかっただろう。みんな楽しそうだった、最初は。

誰も何もわからない!?

新潟への移住を決め、メンバーも決めた。決定から半年ほどでバタバタとカンパニーを立ち上げてしまったから、無理があったのかもしれない。誰も何もわからない中でのスタートは、困難の連続だった。

「スタジオは毎日使うんですか?」「朝から晩までいるんですか?」……新潟に移住する直前、劇場との打ち合わせの中でそんな質問が次々と飛び出したのには驚いた。専属舞踊団を立ち上げると決めただけで、迎えるには何が必要なのかを誰も把握していなかった。何も定まっていないことへの問題意識さえなかったのである。

りゅーとぴあへの専属舞踊団の提案の際、どんな説明をしたか、実はあまり記憶がない。というのも私自身、何ができて何ができないのかなど、りゅーとぴあの可能性がクリアに見えていたわけではなかったからだ。あくまで「専属舞踊団を立ち上げるということでなければ、オファーは飲めません」の一点張りで、あとはりゅーとぴあ側に任せていた。

しかし、りゅーとぴあにカンパニーを作ったことのある人はもちろんいない。名義貸し程度に依頼した人の提案をのんでしまったのだから大変だったと思う。とりあえずやるとは決めたものの、舞踊団が活動するのに何が必要か、それがどれほど大変かは想像していなかったのだろう。

結果として、施設の利用方法から舞踊家の労働環境まで、すべてを私が考え、提案し、可能性を模索していくことになった。

更衣室さえなかった

二〇〇四年四月、第一シーズンの活動が始まった。活動開始にあたり、まず手をつけたのが、活動環境の整備だった。

りゅーとぴあには、二、三人も入ればぎゅうぎゅう詰めになる利用者向けの小さな更衣室があるだけだった。しかし私を入れて一一人のメンバーが毎日稽古をするのだ。専用の更衣室は最低限必要だ。そこで、八つの練習室のうちほとんど利用のなかった一つを、舞踊家たちのための更衣室に改修してもらった。

朝から晩まで稽古をする舞踊家たちには休憩場所も必要だが、そんな場所もなかった。現在は、スタジオを出たところの共有スペースに机と椅子を出して休憩場所としているが、設立当初は

「そこは共有スペースなので使ってはいけない」と言われ、廊下の途中にある狭い喫煙スペース（現在はない）に机を出し、身を寄せ合って昼食をとっていた。いまでは普通に使っている電子レンジも、経費は使えないということで私が私費で購入した。

現在稽古場として使っているスタジオBも、最初の三年間は優先利用ができなかった。スタジオBの利用予約は通常一年前から始まるので、Noismが始まったときにはすでに埋まっていた。「どこだったら空いているんですか！」と急遽、隣の音楽文化会館の硬い床のスタジオに駆け込むこともあったし、りゅーとぴあ内にある絵画を展示する絨毯敷の「ギャラリー」で稽古したこともあった。

ようするに私たちは、スタジオを利用する一般市民となんら変わらない条件で活動をスタートさせたのであり、劇場専属とは名ばかりだったのである。

休日と給料を決める

活動スケジュールは、欧州での経験を踏まえ、同じ劇場で働く財団職員とのバランスを見ながら考案した。朝一〇時にスタートして夕方六時まで、労働時間は一日八時間。そして週末の休みは隔週で二日（祝日なし）とした。ルードラやＮＤＴは週休一日（ツアー後やロングラン公演後は二日休み）、リヨンでは木曜日が朝から夜八時までリハーサルで、土日が休み。そしてヨーテボリでは毎週土日が休みと、スケジュールは舞踊団によって異なる。

日本で初めての劇場専属舞踊団として完全週休二日制にするのは、創作はもちろん、身体鍛錬にも適さない。かといって週休一日でひたすら稽古を続けるのは、体力的に負担が大きい。休日を隔週で二日とすると、週休二日に加えて祝日も休む財団職員と比べ、休日日数に大きな開きができる。そこで余った休みを夏に六週間、冬に二週間の長期休暇として取ることにした。

外部でプロジェクトをやろうと思えば作品製作に四、五週間は必要になるし、長期休暇があれば身体をしっかり休めることもできる。市民も利用するスタジオを長期休暇中にまとめて解放すれば、活動を安定させられる。欧米と同じ夏から夏までのシーズン制を導入しておけば、国際ツアーに対応しやすくなるという事情もあった。

給料は事業費から支払われるため年俸制だったが、一二分割して毎月の給料として支払うよう要請した。そうでなければ生活リズムが整わないし、一括でもらってお金のやりくりができるメンバーばかりとは限らない。形式上とはいえ、月給体制を組めば、メンバーにこれが仕事であるという職業意識を持たせることもできる。それまでの経験から相場は把握しており、法外な要求はしなかった。

舞踊部門芸術監督としての報酬については、りゅーとぴあが用意していた額の小ささ（舞踊家の給料より低い）に驚いたが、それは東京にいてときどきアドバイスをするだけの仕事に対する報酬だから仕方がない。しかし、私がやる「芸術監督」の仕事は、それとはまったく違う。そこで、舞踊家としての給料と合わせてもらうことにした。

私の給料は一八年間上がっていない。メンバーやスタッフを増やしたくて下げた時期があるだけだ。それでも、舞台に出る機会が減った時期には「踊っていないあなたに、舞踊家としての給料を払うのはおかしい」と言われたこともあるし、外の仕事で新潟を離れたら、日割りで天引きされていた時期もある。にもかかわらず、いくらお願いしても、「Noism芸術監督」としての契約は結んでもらえなかった。

専属スタッフもいなかった

Noism設立当時、りゅーとぴあ側にはNoism担当が一人もいなかった。広報など専門職契約の方はいたが、事業課職員は基本的に「劇場の管理運営」のために雇われているのであって、舞台芸術を一から製作するための専門職雇用ではなかった。当時は事業課が「音楽」「演劇」「舞踊」の部門に明確に分かれていなかったため、事業ごとに分担し、掛け持ちでやっている、そんな感じだった。

とはいえ、Noismは他の事業とは異なる。年間を通して活動しているし、全国ツアーも行う。広報にしても、新潟での活動にのみ特化した職員で事足りるわけがなく、東京の事情がわかる人材が必須だ。私としてもせめて一人は制作担当がほしいと思い、東京で所属していた事務所の女性に、一緒に来てくれないかと頼んだ。しかし、りゅーとぴあが提示した報酬、すなわち舞踊家と同額の報酬は、東京の会社を辞めて来る彼女にはあまりに低く、「これでは無理」と言われてしまう。仕方なく、私が個人的に追加で払って来てもらうことにした。

行政内部の不透明さ

りゅーとぴあ 新潟市民芸術文化会館は、新潟市内の五つの文化施設の指定管理者、公益財団法人・新潟市芸術文化振興財団によって運営されている。

劇場をめぐる人材の所属は様々だ。開館当初から劇場で働いている人、外から雇われた芸術監督や臨時職員、そして市からの出向組など、劇場内の人事は非常に入り組んでいて、それが事情をややこしくしている。支配人は二年程度で交代する一方、市の職員の方は適宜役所に戻ったりしながら、課長、部長と昇進していく。

Noismは、日本初の公立劇場専属舞踊団と触れ込みながらも、実際にはりゅーとぴあの舞踊部門の一事業としての扱いになっていた。年度ごとにつく事業予算の中で、カンパニーの人件費から諸経費、公演にかかる費用など、すべての会計をやりくりする必要がある。しかしカンパニーに経理担当はいなかったし、設立当初はお金の流れすら把握させてもらえなかった。

まず要求を出すと、「それは無理です」と言われる。理由は聞いても教えてくれない。全体の金額がわからない中でハンドリングするのは難しく、やりたいことを伝えては拒否される、その繰り返しは、とても消耗する作業だった。

とにかくすべてが不透明だった。誰に何を相談するべきなのか、誰がどこでどのような意思決定をしているのか、私の芸術監督としての責任はどこにあるのか。何もわからないのは耐えられなかった。

活動が始まってすぐの会議の場で、「どこにどれくらいお金をかけられるかわからなければ、マネージメントができないので、事業予算の全体を明かしてほしい」と劇場側にお願いした。するとある担当者が「それは不可能です。情報開示はできません」という。それ以外のことについてもいろいろとお願いをしたが、そのどれについても支配人ではなく、その担当者が答えてくる。困った私はそこで、「自分は支配人にお願いしている。なぜあなたが答え、しかも決めるのですか？」と言ってしまった。当時二九歳の若造が生意気な口をきいたのがよくなかったのだろう、そこから悪夢が始まった。

市役所の職員は異動が多く、文化のことはよくわからないという人が多い中、まれに文化への造詣も関心も深い人がいると、重宝されるのだと思う。先の担当者がそうであったように、その人の意思決定が支配人以上の影響力を持つことになる。ましてトップである支配人がしばしば交代するとなれば、その種の人の権限は増大する。

劇場内での闘いが始まる

諦めずに要請し続けた結果、新支配人の元、三年目にようやく事業予算を明かしてもらえるようになった。しかしその結果、全体の予算は大きく減らされることになる。

公開されている資料をいま見ると、舞踊部門の予算総額は、予算が私に明かされていなかった初年度から二年目までが最も多い。毎年やりたいことを要求し、その都度劇場側に裁量してもらうほうが、実際に使える予算は多くなっていただろう。けれど、それではその年度の担当者の裁量に大きく左右されてしまって、継続的なビジョンが描けない。たとえ額が減ったとしても、芸術監督の責任で判断したかったのである。

結局かれらが問題にしていたのは、芸術監督にどこまで権限を渡すのか、ということだった。二〇〇四年まで、りゅーとぴあにおける事業は劇場職員自らが決定し、実施していた。そこに「芸術監督」が外からやって来て、「もっとこういうものをやるべきでしょう」と言い始める。しかも、舞踊部門の芸術監督（金森穣）は新潟に常駐し、施設の利用方法から予算に至るまでうるさいことを言ってくる。

一方、演劇部門や音楽部門の芸術監督は新潟にはおらず、実務は職員で回していたから、予算についても職員でうまく帳尻を合わせていればよかった。年間予算の全体像を明かせば帳尻合わせができなくなり、彼らの裁量が減ってしまう。ようするに私は、ある種の利権に切り込んでしまったのだ。反発が来るのは当たり前だった。

りゅーとぴあに文化庁から拠点形成助成金が下りるのはNoismがあるからなのに、それをなぜ裁量権のある担当者が勝手に割り振るのだ、と闘ったこともあったけれど、劇場のシステム自体を動かすことはできなかった。

当初は、協賛金さえ「Noism単体で受けてはならない」と言われていた。つまり、りゅーとぴあの会計に、Noismのお財布はなかったのである。それなら有限会社Noismを立ち上げたほうがいいのではないかと悩んだこともあった。しかし、そうすると舞踊家もスタッフもさらに劇場から切り離された存在になってしまう。

朝から稽古をつけ、自分の身体を整え、作品を創り、夕方には財団との会議にも出る。そのすべてを一人でやっていた。できるのだろうか、と悩む暇はなかった。自らが要求したことであり、この国に新しい劇場文化を築く夢は譲れない……とにかくやるしかない、という感じだった。

地元の「お教室」との対立

地域の「お教室」の先生方からも、私は疎まれていたと思う。

設立当初、お教室の先生方が集まる席で「Noismに新潟の子も入れたほうがいい」と言われたときに、「私がやろうとしているのは、優れた舞踊家を新潟に集めて、世界と勝負することです。

そんなことは言っていられないのではないですか」と反論したからだ。ヨーロッパ時代から感じてきた日本の舞踊界への苛立ち、Noismとしてまだ何の成果も出せていないことへの苛立ちから、当時の私は相当尖っていたと思う。

新潟市には花柳界もあるし、江戸時代には人々が四日四晩踊り明かしたという「下駄総踊り」、「佐渡おけさ」や「新潟甚句」などの民謡、種々の神楽など、踊り文化がもともとあるとよく言われる。誰もが踊りに親しんできた新潟市だからこそ、専属舞踊団を抱えるのだ、と、篠田市長もおっしゃっていた。そういう言い方にはある種の説得力があるかもしれない。しかしこれは諸刃の剣である。我々がやろうとしているのは、選ばれた舞踊家たちによる独自の踊り文化を世界に発信することだからだ。

もちろん、市が専属舞踊団を抱えることと誰もが踊りに親しむことは、両立が可能だ。メインストリームとしてプロの舞踊文化があった上で、周縁文化としての市民の舞踊がある。その意味での多様性を目指すというのであれば、両立はできる。しかし、みんなが踊る、みんなで踊る、この「みんな」でということでしか説得できない舞踊文化は、当時の自分にとっては「だから日本はダメなんだ」の象徴でしかなかった。

誰もが踊る習慣のある土地ではお教室は栄えるけれど、それ自体がプロの活動の支えにはならない。逆にそれは回り回って、「みんなが頑張っているのに、なぜあなたたちだけが選ばれるの?」という壁となって、我々に立ちはだかるのだ。だからこそNoismは、プロとしての圧倒的な質を提供し続けなければならないし、その質によって世界から評価される集団でなければならない。その覚悟、信念は、立ち上げ当初からいまに至るまで、揺らぐことはない。

東京での活動に支えられた第一シーズン

第一シーズンのNoismの活動は、それまでの私の東京での活動と、その成果に支えられていた。まず、一〇月には地方公立劇場共同製作プロジェクトとして金森作品を創り、東京の新国立劇場を含む全国七つの劇場で公演することになっていた。これはNoism設立前、私が東京で所属していた事務所が動いて決まっていた企画だ。ちょうどそのタイミングでNoismが始まったから、Noismとして実施することになった。

しかし、活動開始の四月から一〇月まで半年もの間、公演がないというのはまずい。舞踊の場合、ある程度長い作品でも、一つの作品製作にかかる時間は約三か月。そう考えると、半年間公演がないというのは、空きすぎだ。

給料をもらって毎日集まるのに、ただ稽古やワークショップをして帰るというだけではメンバーの士気も上がらない。舞踊家のモチベーションを維持すること、集団として目標を共有することは、カンパニーにとって非常に重要だ。メンバーの様子を見ていれば、緊張感がないと肌で感じる。ある程度の目標を定めるか、思い切って長期の休暇を取ってしまうか。集団を率いる以上、そのハンドリングには最大限の注意を払わなければならない。

そこで急遽、「六月にも公演をしたい」と要求し、第一作となる《SHIKAKU》[*1]を発表することにした。美術は、ヨーテボリ・バレエで踊っていた頃からの友人で建築家の田根剛に依頼した。新カンパニーのお披露目には、インパクトのある仕掛けが必要だと思った。観客が舞台上の出来事を客席から観るという既存の構造を踏襲するのではなく、Noismという新しい集団を観客に直接ぶつけたかった。

そこで田根と相談し、舞台上に間仕切りで小部屋をいくつか作り、観客には部屋から部屋へと自由に移動しながら観てもらうことにした。舞踊家たちは異なる部屋で同時多発的に踊っているから、一人の観客がすべてを観ることはできない。何かを選ぶと何かを失う、そんな構造で前半は展開する。そして後半に入ると壁が飛び、舞台の全貌が露わになる。非常に実験的な作品で、Noismの活動はスタートしたのである。

実験的な作品を一作目からぶつけることに、不安はまったくなかった。私が欧州で体験してきた劇場文化の豊かさは、そこにこそあったのだから。

欧州でも、古典的な演目はもちろんやっている。しかし大都市のオペラハウスにおいてですら、実験的な作品が発表されていた。新しいものを生み出そうとすれば、失敗のリスクはつきものだ。失敗を恐れず、挑戦を続けていかなければ、新しい芸術の創造などできはしない。もちろんその責任が芸術監督に問われることは、重々承知している。

年が明けて〇五年一月には、ニューヨークとモントリオールで開催された「Japanese Contemporary Dance Showcase」にNoismとして参加した。これも私が東京で踊っていたときに興味を持ってくれた方による招聘である。また、二月には、前年に東京で初演した《no・mad・ic project》がキリンダンスサポートの協賛金で再演ができることになっていたので、出演者をNoismにして、東京と大阪で公演した。

目標と現実

日本初の公立劇場専属舞踊団としてNoismを立ち上げるにあたり、私はいくつかの目標を掲げていた。一つは、プロの舞踊家の活動環境をこの国に作ることだ。そしてもう一つが、その集団によって新潟から海外に出るということ。そして最後が、私以外の振付家にも振付に来てもらうということだ。

外部からゲスト振付家を招くだけでなく、Noism内部における振付家の育成・輩出も、目標に掲げていた。三月に新潟で公演した後、七月まで公演の予定がなかったこともあり、四月には新潟県中越地震のチャリティとして、Noismメンバーたちによる振付公演も行った。これらの試みは、その後も続いていく。

第一シーズンの終わり、七月には外部振付家招聘企画第一弾として、日本在住の振付家三人家を招いた公演「Triple Bill」を実施した。日本在住にこだわったのは、かれらにこの国唯一の劇場専属舞踊団に来て、その可能性に気づいてほしかったからだ。この恵まれた環境を実際に味わえば、彼ら自身も各地の劇場で専属舞踊団を立ち上げるかもしれない……そんな夢を見ていたのである。

しかし現実は甘くはなかった。「私には無理ですよ」「おれはいまのままでいいな」。たとえ現状に不満があろうと、環境を変えるために膨大なエネルギーを注ごうとする人はいなかった。彼らにとってNoismに振付をするというのは一つのプロジェクトであり、イベントにすぎなかったのである。そしてそのイベントは、あろうことか一年をかけて鍛えてきたメンバーたちの意識と集団性を不安定なものにするのに十分なのであった。

こうして私は、芸術監督として、振付家として、そして舞踊家として、三つの孤独と闘っていくことになる。

【注】

＊1――田根剛（一九七九～）建築家。Atelier Tsuyoshi Tane Architectsを設立、フランス・パリを拠点に活動。主な作品に「エストニア国立博物館」「帝国ホテル東京・新本館」（二〇三六年完成予定）「弘前れんが倉庫美術館」など。フランス国外建築賞グランプリ２０２１、フランス建築アカデミー新人賞、第六七回芸術選奨文部科学大臣新人賞、毎日デザイン賞２０２１など受賞多数。

［Column］

Noism サポーターズ

活動開始直後の二〇〇四年一一月、新潟市内にNoismを応援する会「Noismサポーターズ Unofficial」が発足した。劇場が「Noismが市民に愛されるようファンクラブを作ろう」と動いてくれたことは一切ない。あくまでも市民有志による自発的なグループである。第一作《SHIKAKU》、続いて現代美術家の高嶺格さんと創った二作目《black ice》と、Noismの活動は実験的な作品で幕を開けた。一般の観客にとってわかりやすい作品ではなかったと思う。そうした中でも、市内には非常に喜んでくださる方たちが一定数いて、その中の数名が立ち上げてくださったのである。

初期の頃から理解してくれる支援者の方々がいたことは、大きな力となった。三年目には、サポーターズ有志が市長に嘆願書を提出してくださったことが、契約更新を後押しした。篠田市長に「あのときあの嘆願書をもらえたのは、助かった。周囲を説得することができた」と感謝されたほどだ。

二〇〇八年には、新潟市がNoismの存在に懐疑的だという情報を摑み、六人のサポーターズがNoismの存続を求め、新潟市役所に陳情に行ってくださった。

人件費が増えないせいで、舞踊家の給料を上げることもスタッフを増やすこともできないNoismを心配し、資金を集めて寄付を申し出てくださったこともある。

二〇二〇年の活動継続問題の最中には「Noism Company Niigataを応援する会」を開いてくださり、中原八一市長や市議会議員が集まってくださった。市議会ではNoismに否定的な意見を表明していた方も、「実際に公演を観て、こうやって直接お会いすると、やっぱり応援したくなりますね」と言ってくださった。

サポーターズの応援は非常にありがたいし、いつも心から感謝している。その一方で、私が抱く「日本に劇場文化を築く」という大義は、「金森さんを応援します！」という私個人へのファンの熱量だけで実現できるものではない。だからこそNoismという劇場専属舞踊団を応援してほしいし、私は設立以来、この集団を応援する価値のあるものにし、その活動を持続させるためには何ができるかを考え続けてきた。

6 Noismの身体性を模索する

鈴木忠志の衝撃

第一シーズンが終わる頃、私の日本における舞踊人生で最も重要な、鈴木忠志[*1]さんとの出会いがあった。

鈴木忠志さんといえば、富山県利賀村で劇団ＳＣＯＴ（Suzuki Company of Toga）を主宰する世界的演出家である。鈴木さんは当時、静岡県舞台芸術センター（ＳＰＡＣ）を立ち上げ、その初代芸術総監督として専属集団ＳＰＡＣを率いていた。

ある日、某大学教授がNoismを視察に来られた。その方は舞台芸術集団が「劇場専属」であることの文化的意義をとてもよく理解している方で、「ようやく舞踊でもこういう人が現れた」と喜んでくださり、鈴木さんも登壇されるシンポジウムに私を呼んでくださったのである。

シンポジウムで私は、鈴木さんの業績も知らずに「ヨーロッパではこうなのに、日本は全然ダメだ」と、偉そうに発言していた。鈴木さんは静かに聞いていらしたが、いざ話し始められると、まるで私の問題意識にすべてに回答されているかのようで、言葉が逐一胸に響いてくる。そうそうそう、あれ、この人、なんでこんなに……？

終了後、ご挨拶の際にいただいた名刺でいろいろと調べ、合点がいった。鈴木さんは、私がいま始めたばかりの闘いを、三〇年も前からこの国で続けていた方であり、私が目指す環境をすでに手にしてきている方だった。すぐに静岡に行き、日本平にある舞台芸術公園に足を運んだ。信じられなかった。こんなことがこの国で可能だなんて……。舞台を観劇し、さらに衝撃を受けた。

私がずっとこだわっている「身体の質」が、そこにあったのだ。

実を言うと、それまで演劇はあまり好きではなかった。新潟に移住するまでにもいろいろと観たけれど、演出や戯曲の面白さはわかるが、役者の身体に感銘を受けたことはなかった。しかし、鈴木さんの舞台には度肝を抜かれた。役者の身体の強度が異常なのだ。しかも演出、照明までもが、身体を空間化したものになっている。それは欧州でベジャールやキリアンから受けたショック以来の衝撃であり、私がこの国で師と仰げる人を見つけた瞬間だった。

芸術公園内の宿舎に泊めていただいたその晩は、興奮して眠れなかった。翌朝、興奮冷めやらずに「すごい、すごい」とまくしたてる私のことを、鈴木さんは「面白いなあ、金森は」と気に入ってくださり、以来、いまに至るまで私の心の支えであり続けてくださっている。

ＳＰＡＣは日本の自治体の「文化政策として」初めて作られた公立劇場として有名で、運営専用の財団が劇場の設立と同時に立ち上がっており、芸術総監督も理事に名を連ねている。

つまり、鈴木さんはわかっていたわけだ。水戸芸術館で芸術総監督を務められた経験からも、日本の劇場が抱える管理体制の問題を熟知されていた。だからこそＳＰＡＣ立ち上げの際には財団も作り、芸術総監督自身に人事権から予算執行権までを与えたのだ。

師へのリスペクトは自らの道で示す

周囲からは、「なんで鈴木忠志なんだ」と言われた。鈴木さんは「世界と勝負する」と言って日本の演劇界、すなわち東京に背を向けた人だけに、日本の劇場文化界隈では疎まれていたのだろう。その様子を見て、ああ、なるほど、と思った。文化政策としての劇場文化を通じて、世界を相手に闘っている芸術家が、日本のいわゆる「業界」からは反感を買うんだな、そしてその「業界」がこの国の舞台芸術界を支えているんだな、と。

私も妬まれたし疎まれてきた。帰国子女の分際で「だから日本の舞踊界はダメなんだ」と批判するから当然敵は増えるし、何を言っても「欧州ではそうかもしれないけど」と言われておしまいだった。だから鈴木さんの活動には感動したし、大きな力を得る気持ちがした。

とはいえ、鈴木さんのされていることをそのまま真似しようとは思わない。最大限のリスペクトを持って言わせてもらえば、あれは鈴木さんのやり方であって、私には私のやり方がある。

鈴木さんは国内の賞は一切受けないと決めている。しかし私にとって賞をいただくことは重要だ。「金森穣」が賞を受けることが重要なのではない。「劇場文化の改革、劇場専属舞踊団の活動は、そのように評価されると示すこと」が大事なのであり、その事実を残していきたいのである。

日本に劇場専属舞踊団を根づかせるために闘う一人の舞踊家として、得られるものはなんでも得る。私にとってはモーリス・ベジャールもイリ・キリアンも鈴木忠志も、二〇世紀のマスター、そして師匠だ。お世話になった師匠への最大の敬意は、追従することではなく、その恩恵を抱いて自らの道を切り拓くことでこそ表すことができる。

我々の世代は、大先輩たちの偉業を否定して自らの立脚点を見出すのでも、無視して勝手気ままに我が道をゆくのでもなく、かれらの闘いとその顚末を冷静に俯瞰し、受け継ぐべきもの、変革すべきことを冷静に見定めて、我々の時代を作り上げるべきだと思う。

トレーニングメソッドの必要性

鈴木さんのことでもう一つ衝撃だったのは、独自のトレーニングメソッドを確立していたことだった。演劇でそこまでするのか、と驚いた。

二〇世紀前半、マーサ・グラハム[*2]に代表されるモダンダンスの創始者たちは、クラシックバレエに対抗する形で独自のトレーニングメソッドを確立した。それによって鍛錬された舞踊家たちの踊り、その集団性に私は強く惹かれる。コンテンポラリーダンスになる前のモダンダンスや、より規律の高いクラシックバレエといった、いまでは古典と呼ばれる舞踊のほうに、シンパシーを感じるのである。

二〇世紀後半、私の欧州時代はモダンダンスからコンテンポラリーダンスへの過渡期であった。キリアンやフォーサイスもまだ「ネオクラシック」と呼ばれていた。その後ネオクラシックは、フランスやベルギーで生まれた「ヌーベルダンス」と融合し、気がつけば新しい舞踊はすべて

「コンテンポラリー」と呼ばれるようになっていた。

それと並行するように、トレーニングを重視しないカンパニーが増えていった。NDTでもリヨンでもヨーテボリでも毎朝クラスはあったけれど、それはいわゆるウォームアップで、同じメソッドを共有するためのものではなかった。疲れているからと参加しない舞踊家もいた。舞踊家の技術が高く、リハーサルに向けて自らコンディションを上げていけるのであれば、それで構わなかったのである。しかしNoismは違う。毎朝の鍛錬を通して舞踊家の質を上げる必要がある。

そして、メソッドがないと身体知が継承されていかないという問題意識も私にはあった。ベジャール・バレエ団にもトレーニングメソッドはない。だからベジャール作品を踊るときは、ベジャールさんからスタイルを学ぶ、あるいはベジャールさんから学んだ舞踊家から学ぶ以外の方法はない。しかしそのやり方では、失われていくものがあまりに多い。

実際、ベジャールさんが亡くなられて以降、あの独特のニュアンスを直伝できる人は減っている。ただ動きを真似したところで、ベジャール舞踊にはならない。呼吸の仕方や身体の使い方といったベジャールさんの求める微細な質、身体知はどんどん失われていき、映像に残るのみである。知の消失を食い止め、文化として継承していくためには、メソッドが必要なのだ。

メソッドを持たない集団が、個人の才能や時代の流行に翻弄されて瓦解していったことは、歴史を見れば明らかだ。欧州のクラシックバレエ、米国のモダンダンス、日本の能や歌舞伎……古典として残る舞台芸術、身体芸術の背後には、必ず独自のメソッドがある。

メソッドを確立するということは、集団として共通言語を持つことだ。共通言語としてのメソッドを確立し、そのメソッドに基づいて集団活動をすることによって、集団にとっての質の基準ができる。それは新たに参加するメンバーの評価基準にも、個々の舞踊家の現在の状態を測る物差しにもなる。メソッドの確立とは集団性の確立のことである。

集団とは、異なる個性の単なる集まりではない。苦楽を共にし、目標を共有し、助け合い、影響し合いながら変化していく生き物である。だからメンバーが変われば変容するし、経年変化もする。時代による浮き沈みもある。そうした変化の中で、皆が拠り所にすることのできる指針、規律——それがメソッドなのだ。

Noismの名には「能（Noh）」も入っている

日本には「能」という世界に類を見ない身体表現がある。能は舞（作品）そのものが型（メソッド）なので、トレーニング方法があるわけではないけれど、世阿弥に代表される偉大な先人たちが見出し、踊り継いできた身体知、継承されてきた演劇論がある。それらは西洋にはない日本独自のもので、学ぶべき点が多い。

能の身体知を学ぶことは、私にとっては宿題のようなものだ。それは、日本に生まれながら西洋の舞踊としか向き合ってこなかった自分に対する戒めであり、西洋人とは異なる自らの骨格と身体感覚に根拠を与えるものだからだ。何より、世界と勝負するときに、自国の文化を知らないことほど惨めで、蔑みの対象になる弱点はない。

能の身体技法のベースには「静止」がある。それはいかに「動く」かを鍛錬してきた私を含む多くの舞踊家にとってコペルニクス的転回であり、その猛々しい静寂、沈黙の言語、精神のエネルギーに、私は非常な美しさを感じる。

しかし能をはじめとする日本の伝統芸能については思うこともある。家元制、世襲制であることによる身体知の継承の難しさである。それがこの国の伝統だと言われればそうだし、一子相伝的な身体知が存在することもわかる。しかし、文化政策や教育といった社会制度になっていない身体知を、果たしてどこまで残していくことができるだろうか。

もはやどんな芸能の世界でも、師匠に弟子入りするという徒弟制は崩壊している。実演芸術の力や専門的鍛錬を要する身体表現の価値を後世に伝えていくため、この国独自の文化として残していくためには、どうしたらいいのか。文化行政はもとより、芸能者たち自身も考えていかなければならないだろう。

大学の邦楽科などでは伝統芸能を教えているようだが、そこで教授されるのは知識であり、知恵ではないように見える。知識と知恵は違う。実践を通して見出される応用可能な知こそを知恵、身体知と呼ぶのだ。そしてその実践のための場が劇場なのだ。私が目指す劇場文化の射程には、伝統芸能の未来をも含まれている。

Noism メソッド・Noism バレエの確立

私自身の一〇年にわたる欧州での活動、そして日本での活動を通して得た知見を融合させて構築したのが、「Noism バレエ」と「Noism メソッド」である。西洋と東洋の身体文化を融合させることは私の舞踊理念そのものであり、それを体系化させたのがこの二つの訓練法である。

Noism バレエのポイントを一言で言うと、クラシックバレエが身体を上へと引き上げて、外へと開くアン・ドゥオール[*4]が基本であるのに対し、下への動きやアン・ドゥダン[*5]を取り入れていることだ。

下への動きとは、腰を落として舞う日本舞踊の身体技法に通じるものである。そしてバレエで大事な垂直軸を、倒すのではなく、そのまま水平に移動させる「シフト」という技術も取り入れている。シフトは、フォーサイスをはじめとする西洋コンテンポラリーの振付家たちが行った「オフバランス（軸を倒すこと）」に対し、垂直のまま「ずらす」ことを念頭に考案したものだ。

そしてNoismメソッドでは、身体の各部位を回旋させてエネルギーを「拮抗」させる。これは動くための鍛錬ではなく、静止するための鍛錬とも言える。この場合の静止とは、静的なものではなく、極めて動的なものだ。

力の均衡が解放されたとき膨大なエネルギーが生じるという発想は、この国に生まれ育った者すべての身に刻まれている自然現象・地震に由来している。その他、全身の皮膚を刺激することで空間を意識したり、手指の中で唯一交感神経につながっている薬指を重視したり、「耳を立てる」ことで集中力を高める。これらは動物が周囲を警戒するときの態勢に近い。

ようするにNoismメソッドとは、リラックスとは真逆の状態、非日常的集中状態に自らを置き、身体を鍛える訓練法なのである。

二つのメソッドによって獲得される「緊張感のある身体」、その強さが最大化された「非日常身体」が、Noismの身体性である。それは現代人が失ってしまった野生の力、身体の奥底に眠っている力を再び目覚めさせるプロセスであり、弛緩した身体が横溢する現代社会に対するアンチテーゼでもある。

二〇〇五年一一月に発表した《NINA―物質化する生贄》は、二つのメソッドを作る過程で生まれた作品だ。これらのメソッドによって培われた身体性を駆使して踊れば、こういう舞踊になるということが、明確に示される記念碑的な作品になった。アメリカ、ブラジル、ロシア、フランス、台湾など、世界中で上演されたNoismの初期代表作である。

Noismの日常

Noismの活動は毎朝九時半、Noismメソッドの学習クラスから始まる。これは研修生や新規参入メンバーのためのクラスだ。エクササイズを覚えるには時間がかかるので、毎日その断片を稽古し、毎週木曜日の完全版メソッドのクラスに備えるのである。

その後一〇時半から全体でのNoismバレエのクラスが始まる。これは訓練なので、メンバーは各自のタイミングで劇場入りし、ウォームアップを済ませておく必要がある。クラスは一時間一五分。その後、一五分の休憩を挟んで、一二時からリハーサル、あるいはクリエーションが始まる。一三時三〇分に第一リハーサルが終わると、一時間の昼休憩である。休憩後は一四時三〇分から一六時まで第二リハ、一五分休憩ののち一八時までが第三リハである。その後、クールダウンやストレッチ、自習などをそれぞれが行い、スタジオを後にする。

劇場は二二時閉館なので、スタジオの消灯や施錠までを責任持って行うのなら、ギリギリまでスタジオにいることも可能だ。若い頃私がＮＤＴでそうしていたように、同僚に声をかけて振付を模索することだってできる。

これは職業舞踊家としては当然の時間割であり、踊りたくてもその環境のない舞踊家にとっては夢のようなスケジュールだろう。しかしこれを毎日変わらず続けていくことは容易ではない。夢とは常に、現実になると厳しいものだ。そして、これら膨大な時間の積み重ねが、いかに刹那な一瞬に捧げられているかは、数字で見るとはっきりする。

メンバーは一日のうち約六時間三〇分を身体訓練に費やしている。隔週での週休二日制のため、一か月で八九七〇分。一つの作品を創るのに三か月を費やすとすると二六九一〇分。つまり我々は一時間ほどの作品を提供するまでに、実に四四八時間三〇分をかけていることになる。

さらに、その創作を始めるまでに身体に刻んできたものがあることを考えると、その何倍もの年月がわずか一時間のために費やされていると言える。これほど凝縮された一瞬のために、我々は日々、自らの身体と向き合い続けている。そこにこそ、我々が自らを専門家であると自負できる所以がある。

それを可能にしているのが、劇場専属の環境であることは言うまでもない。

感覚としての身体

私は日本に帰国して以降、自らの職業を「ダンサー」ではなく「舞踊家」と呼ぶようにしている。それは日本におけるダンサーのイメージを払拭したかったからだ。日本の一般の人たちにとってダンサーといえば、歌手の後ろで踊っている人。それがすごく嫌だった。舞踊道という「道」を極めるため活動していることを伝えたくて、舞踊家という言葉を使っている。

我々は、数値化できる速度や効果を出すためではなく、「感覚としての身体」を鍛えている。それは、隣に立っている人の呼吸や空気の波動を感じ、言語化できない言葉、可視化されない情報を読み取る器官としての身体の鍛錬であり、スポーツより武道に近い。そのような、技術には還元することのできない感覚としての身体を鍛えるために稽古体系を考案し、身体と意識を研ぎ澄ますためにトレーニングをし、踊り続けているのがNoismなのである。

私も若い頃は、とりあえず目の前の表面的な技術ができるようになりたいと思って稽古をしていたが、舞踊活動を続けるうちに、意識がもっと深いところへと移行していった。それは古代人が踊り出したときに生じていたと言われる憑依体験や意識変容、踊ることによる身体と精神の可能性に気づき始めたということだ。そこまで研ぎ澄ますことができるのか、それとも表面的なところで終わるのか。そこに舞踊家としてのY字路はある。その深奥に気づいたとき、舞踊は人生を賭けた営みとなる。

トレーニングを積み重ね、身体が研ぎ澄まされて微細な感覚を表現できるようになればなるほど、舞踊はお稽古ではなくなるし、運動ではなくなっていく。そして同じ感覚を共有できる人、身体の深奥に興味を抱く同志が現れたとき、舞踊は個人的営みを超える。

ただし、そのためには稽古を続けなければならない。筋力的な衰え、機能的身体の衰えを凌駕するほどの発見を得るためには、踊り続けなければならないのだ。

そうして見出された身体表現の真髄は、観客にも伝わる。最初は誰でも表面的に観るものだが、鑑賞を続けていくうちに観客も身体の深奥に触れられるようになる。舞踊芸術、そして劇場文化とは、それほど豊かなものなのだ。

【注】

＊1――鈴木忠志（一九三九〜）演出家。一九六六年、別役実らと共に劇団「早稲田小劇場」（現SCOT Suzuki Company of Toga）を創立。七六年、富山県利賀村に拠点を移し、合掌造りの民家を劇場にして活動。俳優訓練方法スズキ・メソッドで知られる。世界演劇祭「利賀フェスティバル」（現「SCOTサマー・シーズン」）を毎年開催。岩波ホール芸術監督、水戸芸術館芸術総監督、静岡県舞台芸術センター芸術総監督を歴任。日中韓三か国共同の「BeSeTo演劇祭」創設者、シアター・オリンピックス国際委員。公益財団法人利賀文化会議理事長。

＊2――マーサ・グラハム（一八九四〜一九九一）アメリカ人舞踏家、振付家。アメリカのモダンダンスを代表する一人。一九二六年にマーサ・グラハム・ダンスカンパニーを設立。収縮と弛緩を意識するメソッドによる独自のスタイルは、のちのダンス界に大きな影響を与えた。

＊3――アン・ドゥオール　腕や脚などを外旋させるバレエの基本姿勢。軸に対して外回転すること。

＊4――アン・ドゥダン　腕や脚を内旋させること。軸に対して内回転すること。

7
試行錯誤から見えてきたもの

初年度は設立前から決まっていたプロジェクトが多く、華々しく始まった感のあるNoismだったが、二年目に現実を突きつけられることになった。

外部予算のついたプロジェクトが終わり、新潟市の予算だけになったせいで、とにかく製作費がなかった。本来は初年度のうちに、二年目以降の活動を見越して動き、共同制作や外部公演を決めておくべきだったが、当然ながらりゅーとぴあでは誰も動いていない。関東公演の会場はおろか、りゅーとぴあの劇場さえ押さえられていなかった。

年明けの二〇〇六年二月には、りゅーとぴあ内にある能楽堂で公演を行ったが、それも上演場所がなかったからである。私は公立劇場内にある能舞台にはあまり興味をそそられない。なぜならそれは無菌化された、気配のない、ハコモノの中の小さなハコにすぎないと思うからだ。

劇場に専属集団がいないということは、舞台や稽古場に、恒常的に活動する人々の気配、営みの積み重ねが宿っていないことを意味する。次の利用者が来る前にすべてをきれいに片付けて、まるでそこに誰もいなかったかのようにして明け渡す、「利用」のために作られた空間。そのような空間は、いくら実演しても、制約以上のものを与えてはくれない。

五月には、日々稽古をしているスタジオBで新作を発表したが、このスタジオも同じだ。外部利用が入れば、すべての私物を運び出し、床のリノリウムを剥いで、できる限り我々の気配を消す必要がある。作品タイトル《sense-datum》＝感覚所与は、当時の私の思いを表している。感覚所与とは、脳内で意味／無意味に判別される前の、動物的な身体知覚のことであり、我々の身体が、いかに多くの情報を空間（環境）から得ているかを示唆する言葉である。

いずれにしても、初年度と二年目は、私と劇場とが互いに何が必要で、何が足りていないかを自覚する期間、すれ違い具合を認識する期間だったと言える。

環境改善の兆し

二〇〇五年四月、新支配人が就任された。新支配人も最初は事情がわからず、Noism の活動に懐疑的だったと思う。しかし定期的に「Noism 会議」を開き、話し合いを重ねるうちに、応援してくださるようになった。

こちらが考えていることを伝えたり、要求したりするのと同時に、その要求がなぜ受け入れてもらえないのか、財団や市の事情を説明してもらえるようになったことで、自分が何と闘っているのか、問題の根源がどこにあるのかが見え始めた。そうして理解のある支配人に粘り強く交渉し続けた結果、第三シーズンから Noism の活動環境は、少しずつ改善していくことになる。

その一つが、Noism 担当職員の配置だ。劇場側もさすがにこのまま続けるのは無理だと判断したのだろう、財団職員の中から Noism 担当を一人つけてくれることになった。

ようやく念願の体制が動き始めたと思ったのも束の間、私がその担当職員に仕事を降り始めると、今度は制作をお願いしていた私の個人マネージャーとの関係が悪化し始めた。彼女はもともと金森穣というアーティストの可能性に賭け、新潟までついてきてくれていた方だ。私が自分の芸術性よりも Noism の活動充実に注力し始めたことが解せなかったのだろう。東京を離れていたことも、唯一の契約スタッフとして劇場で働くことも、ストレスだったに違いない。結局彼女は辞めてしまった。

そこで急遽、契約スタッフを募集したのだが、制作経験者の応募はなかった。契約料は高くないし、社会保障も退職金もない。その上、新潟に移住しなければならないのだ。私のマネージャーが辞めた背景には、条件面の不足もあったと思う。

結果的に広報と制作を一人ずつ採用したが、二人ともまったくの未経験者だ。入ってからすべてを学んでもらう他なかった。とはいえ、経験の有無はあまり関係がない。そもそも日本でNoismのような環境で活動する舞踊団は他にないのだから、経験者でもやり方は現場で学ぶ以外にない。このとき採用したうちの一人は、いまも制作を続けている。

スタジオの優先利用

もう一つの大きな改善点が、優先的なスタジオ利用の許可だ。

二〇二二年の新制度発足まで、Noismの活動は三年単位だった。三シーズンを一期（サークル）とし、サークルごとに活動の継続が市と財団によって判断されるという仕組みになっていた。しかしすべては口約束で、三年の契約書はもちろん、同意書すら存在しなかった。

とはいえ、活動継続の判断は予算要求にも影響するため、議論は前倒しで始まる。そこで第三シーズンが始まってすぐ、第二サークルの活動継続の条件として、スタジオの優先利用の許可を要請した。許可が下りなければ辞めようと思っていた。それほどに、固定の稽古場さえない環境に辟易していたし、そんな状態のままで国内外に「劇場専属舞踊団」であると発信する欺瞞に、耐えられなかった。

結果、市長が「スタジオBはNoismの優先利用を認める」と明言してくださったことで稽古場の確保には困らなくなったが、それは同時に、劇場内部での圧力をより高めることを意味していた。

活動開始直後から、Noismは劇場内部からも市民からも「スタジオを占領するな」と文句を言われてきた。それまで利用していた市民から声が上がるのはわかるが、文句は劇場内部からも出るのだ。支配人が理解してくれていても、他部門のスタッフの不満は消えない。専属舞踊団を立ち上げたのは舞踊部門（金森穣）であり、それは劇場全体の総意ではない。スタジオの優先利用が認められたというのも、あくまでも市の判断であり、劇場の意向ではない、というのが反対派の主張だった。

この、新潟市と劇場（財団）の意見の相違、その間で葛藤するNoism（金森穣）という構図は、その後一五年にわたって続いていくことになる。

劇場の一事業としてのNoism

りゅーとぴあには演劇・音楽・舞踊の三部門があり、劇場はこの三者のバランスをとることに最も気を遣っていた。「それをやると、他部門から不満が出る」とか「舞踊部門だけ許可することはできない」といったコメントを、何度聞いたことだろう。協力的な支配人のときは、内部を説得して改善策を練ってくれたけれど、それも結局は不満を抑え込んでいるにすぎない。協力的でない支配人が就任すれば、反対する職員の意見が通るようになる。

また、劇場を運営する新潟市文化振興財団は、市の公益財団である。そして劇場の指定管理者を非公募で決めたのも市である。ようするに予算配分に限らず市の影響力が大きいのだ。だから劇場内部で何かを訴えると、「それは市に言ってください」と言われる。そして市に訴えに行くと、劇場の運営は財団に任せているため、「それは財団に言ってください」と言われる。この往復を、延々と繰り返してきた。

だから市長と支配人の両者が応援してくださっている場合には様々なことがスムーズに進むのだが、そうでなくなった途端、最悪な状況に陥る。どうすれば市長や支配人が交替しても持続可能な体制を築けるか。どうすれば劇場の一事業ではなく、新潟市の文化政策にNoismを位置づけられるかを、私はずっと考えていた。

Noismは最初から新潟市議会の承認を得ていない。市議会を通すことなく、あくまでもりゅーとぴあ舞踊部門の一事業としてスタートしていた。私は市長に、「たとえ存続が危ぶまれることになるとしても、新潟市として我々が必要なのかどうかを一度議論してほしい」と訴えていた。しかし市長はそのたびに、「いまのまま、大きな問題にしないほうがNoismのためにいいと思いますよ」とおっしゃっていた。

市長・行政・議会の間でNoismをどうするかが話題になったことは何度もあったと思う。しかしその都度、Noismはあくまでもりゅーとぴあ内の一事業であるということで、議論を避けてきたのではないだろうか。劇場がどんな事業をやるかまで議会が関与するべきではないし、そこに踏み込んでしまえば、話は劇場の指定管理のあり方にまで発展してしまう。そうした面倒は避けたい、そのほうがNoismも活動を続けやすいという考えだったのだと思う。Noismの設置目的や市の立ち位置が議会で初めて取り上げられたのは、二〇二〇年のことだ。市議会で賛否両論が渦巻き、物議を醸した。しかしそのおかげで、市の文化政策としてレジデンシャル制度を設けるというところまで踏み切ることになった。やはりそこまで行かなくては事が大きく動くことはないのである。

いまとなっては、あのとき篠田市長が止めてくださってよかったと思う。私もカンパニーも未熟だったし、もしあのとき議論になっていたら、いまほど応援してくれる人もいなかっただろうから。継続は力なり。ここまで踏ん張ってきたからこそ、二〇二〇年の存廃問題を乗り切れたのだと思う。

活動継続という闘い

私はこの一八年間で計六回、活動継続問題と向き合ってきた。大きく報じられた二〇二〇年だけではない。三年に一度、サークルの節目には必ず何らかの要求をし、それが飲まれなければ本気で辞めるつもりで交渉に臨んできた。要求が通ったこともあれば、そうでなかったこともある。けれどまったく要求が通らなかったのに継続を承諾したのは、二〇二二年の新レジデンシャル制度の初代芸術監督就任のみだ。そのことについては第Ⅲ部で触れる。

二〇〇八年二月、新潟市が二〇一〇年九月以降のNoism第三サークルの活動継続について否定的であることが判明した。劇場内にも役所内にも反対派がいることはわかっていた。海外ツアーを成功させ、私が芸術選奨文部科学大臣賞を受賞し、国内外の評価が高まっていた時期ではあったが、反対派が主張するのはかつてもいまも、劇場内部の公平性の問題であり、新潟市内における活動の評価である。

政治家である市長や県外で活動する文化関係者は、Noismの活動が飛躍することで、「新潟市は文化的な政策を積極的に実践している」と評価され、得るものがあったと思う。その一方で、役所や財団の職員たちには、そうした評価を直接得たり、役得を味わったりする機会はほとんどないだろう。上から「Noismをもっと応援しろ」と言われたからやっている、という感じはずっとあったのだと思う。

限られた条件の下でこれだけ成果を上げても、継続が問題視される。外でどんなに評価されても、内部は何も変わっていない。もし今回も活動継続が叶ったとして、それはあくまでも現状の「継続」である。市議会で話題になるわけでも、予算が増えるわけでも、行政の理解が深まるわけでもない。もう十分だ、ここまでだと、私自身どこかで思っていた。
しかし幸いにして、このときの支配人はNoismにとても協力的な方だった。市長も応援してくれている。理解のある方たちとだからこそ、本気でぶつかってみよう。それで無理なら潔く辞めよう。そう覚悟して、第三サークルの活動継続の条件として、研修生カンパニーの設立を要求した。Noismの設立時と同様、新たに場所と人が必要になるが、設立時とは二つの点で大きく違っていた。すでにNoismが実績を上げていたこと、そして劇場側にも専属舞踊団を抱える経験値があったことだ。

前に進ませてくれた支配人の存在

こうしてついに、第六シーズン（二〇〇九年九月〜）に研修生カンパニーNoism 2が設立された。制作スタッフとNoism 2の稽古監督を新たに増やし、芸術監督の部屋も設けられた。課題だった人材育成、研修生たちの活動の充実、そして二つのカンパニーによる多角的な活動展開ができるようになったのだ。

劇場の共通ロビーへのNoismボード（メンバーのポートレートと過去の作品映像を流すモニターを掲示）

の設置も許可された。もともとNoismの公演ポスターはその他の貸館事業のものと並列されていて、「いまは空きがないから」と掲載を断られることさえあった。「劇場専属なのにそれはおかしい、もっとNoismの情報をアピールしてほしい」と訴え、専用の展示場所とボードを作ってもらった。

これらすべては、一人の支配人の任期中に実現したことだ。これほどの環境改善がなされたのは、後にも先にもこのときだけだ。本当に感謝している。その方は二〇二二年春、他界された。もうNoismの活動を見ていただくこともできない。我々は、新しい劇場文化の可能性を信じて努力してくださった方々の情熱や思いを受け継ぎ、次の世代へとバトンをつないでいかなければならない。その先にしか、劇場文化一〇〇年構想は実現しないのである。

私は運がいい。本当にそう思う。もうこれ以上進めない、というところまで来ると、必ず助けてくれる人が現れる。他者の評価が必要なときに賞を受賞したり、活動の飛躍が必要なときに外部から大きなプロジェクトの依頼が舞い込んだりする。もちろん、何もしていなかったわけではない。腐ることなく稽古を積み重ね、勝負どころでは覚悟を持って訴えてきた。

ちなみに勝負どころをつかむ能力、これは舞踊家として培われたものだと思う。舞踊家には、共演する他者を読む力、客席を含む劇場空間を読む力、時々刻々と変化する状況においていかに生きるべきかを直感する能力が必要だからだ。過去の評価に安住することなく、「いまここ」で実存をかけた勝負をすること。それこそが舞踊家として生きることなのだから。

「お稽古事文化」の弊害

あるとき、新国立劇場の現代舞踊事業の担当者が、「金森穣の作品を今後数年の間、りゅーとぴあと新国立劇場の共同制作で発表したい」とやって来たことがあった。そうして創作したのが《ＺＯＮＥ　陽炎　稲妻　水の月》（二〇〇九年六月）である。

私は新国立劇場とは牧阿佐美先生の芸術監督時代からお付き合いがあり、事務局の人たちのことも知っていた。何より、りゅーとぴあという地方公立劇場が新国立劇場と共同制作をするという企画自体に大きな意義があると感じ、引き受けた。

問題が起きたのは、舞台稽古に入ったときのことだ。公演会場は新国立劇場ピット。演劇向けの会場とはいえ、事業部が舞踊公演を実施してきた舞台だし、私自身もそこで何度か舞踊公演を観ていたから、正直あんなに劣悪な環境だとは想像もしていなかった。

床は非常に固く、ところどころにコンセント用の金属の丸い蓋がついている。舞踊家が踵《かかと》で着地でもすれば全身に響き、怪我の恐れもあるという最悪の環境だ。かわして踊ることもできるが、それでは空間構成がうまくいかない。「こんな床では踊れない」と訴えた。

結局、平台という木の板を床に敷き詰めてもらい、その上にリノリウムを敷くことで舞台は事なきを得たのだが、大変だったのはその後だ。公演終了後、事業部の方々が「反省会をしたい」とりゅーとぴあに乗り込んできたのである。

交代したばかりの新しい支配人を前に、「金森穣の要求がいかに理不尽か」「平台を敷くのがいかに大変だったか」など、猛烈な勢いで批判を浴びせられた。

なぜそこまで大ごとになったのかは、私なりに分析できる。それは日本の舞踊界におけるお稽古事文化と密接な関係にあると思う。

お稽古事文化において「先生」は絶対である。「先生」にとって公演を組むことは「あなたたちに踊るチャンスをあげている」ことであり、やり方を批判されるなんてあり得ないことなのだ。新国立劇場の担当者も、私に「チャンスをあげている」と思っていたのだろう。しかし、欧州でプロとして活動してきた私にとって、日本の「先生絶対の意識」など障害にしかならない。この国の新国立劇場でこの状況というのは情けないし、プロとして上演の質にかかわる環境改善を要求するのは当然のことだ。

　結局、数年間の約束だった共同制作は、二度と行われることはなかった。

　この出来事を通し、「先生は絶対」という習い事文化の基本姿勢は、日本の劇場の内部にまで浸透し、舞踊家の意識含めた劇場全体を支配していることを痛感した。それはこの国の劇場で舞踊のために働いている人のほとんどが、かつての舞踊家であり、先生たちだからだ。とても根の深い問題だと思う。

　私が何かにつけて「お稽古事文化の弊害」を語るのは、ただその拙さを批判しているというだけではない。この国にプロフェッショナルな劇場文化を確立しようとするときの足かせに実際なっているし、それを経験してきているからなのである。舞踊家の意識の低さや教育レベルの低さ、行政による環境整備の進まなさ、そのすべてが、プロと生徒の線引きが曖昧な日本の「お稽古事文化」による弊害だと思うからなのである。

［Column］

海外公演の実際

設立からいままで、Noismが実施してきた海外公演はすべて、外部からの依頼や先方からの招聘があってのものだ。りゅーとぴあから海外への売り込みはしていない、というかできない。そもそもりゅーとぴあは世界への文化発信を想定しておらず、英語での交渉ができる人はいないからだ。そうした中、Noismは独自に人材を見つけるか、既存のスタッフが独学で英語をものにすることで、世界と勝負し続けてきた。

劇場の事業費を持ち出さないという姿勢を貫き、渡航費や美術運搬費などの助成金申請はするが、助成金が下りない場合は先方が払うという条件で契約してきた。

Noism初の海外ツアーは、二〇〇七年一月から約一か月にわたるアメリカ大陸ツアーだった。東京のコンテンポラリーダンス制作会社の企画だったのだが、これが大変だった。予算がないので美術はほとんど持っていけないし、気温がマイナス二〇度のシカゴで公演した数日後に米大陸を縦断し、三〇度を超えるサンパウロで公演をした。しかし観客の反応はすばらしく、ブラジルでは八〇〇席が超満員、総立ちで絶賛された。

帰国後、公演を観に来ていたサンパウロの国立バレエ団芸術監督から振付委嘱を受けた。最初はぜひと思っていたが、やはり私がシーズン中に一か月もNoismを離れるわけにはいかないと判断してお断りした。まだ任せられる稽古監督もいない状況では仕方のないことで、悔いはない。Noismの成功、存続こそが私の最優先事項だったのだから。

〇七年七月にはロシア・モスクワの「チェーホフ国際演劇祭」で公演を行った。過去にたびたび招聘されていた鈴木忠志さんが、声をかけてくださったのだ。公演は好評で、鈴木さんの顔に泥を塗らずに済んでホッとした。終演後の食事の席で、プロデューサーに「これだけ支払うから、創りたい作品を創って、次回もモスクワに来い。チェーホフが題材ならなんでもいい」と言われたのには驚いた。こうして〇九年にチェーホフ国際演劇祭との共同制作として《Nameless Poison―黒衣の僧》を創ることになる。

いまも鮮明に思い出せるほど大変だったのは、ルーマニアでの《ラ・バヤデール―幻の国》公演（二〇一七年三月）だ。ヨーロッパ有数の演劇祭として知られるシビウ国際演劇祭の総監督、コンスタンティン・キリアック氏がNoismを気に入り招聘してくださったので、国際交流基金などの協力も得てシビウとブカレストの二都市で公演することになった。

大変だったのはブカレスト公演だ。劇場の状態がひどく、要求したものは一つも用意されていない。照明ができていないので、舞踊家たちも舞台での位置を決めることができず、本番前日の深夜までリハーサルは続いた。これ以上続けては本番に響くというギリギリのところで舞踊家をホテルに帰らせ、私は舞台スタッフと一緒に朝方まで作業を続けた。

一緒に来てくれていたりゅーとぴあの舞台スタッフたちは皆とてもいい人たちで、文句一つ言わずに協力してくれたが、こういうハプニングが起きると帰国後の財団とのやりとりを想像し、憂鬱になる。作業状況を報告すれば、「なんだ、その劣悪な労働環境は」と言われるのが目に見えている。民間企業なら、良くも悪くもその事業への熱意を糧にどんな環境でも頑張ることができるが、公務員の場合はそうはいかない。問題視されるのは当然だし、そうした環境に職員を巻き込んだことは申し訳ないと思っている。

ただ、海外公演というのはそういうものなのだ。約束通りに進んだことは一度もない。中国・杭州公演では、会場に要求した機材は皆無、ロックコンサートに使うような派手に動く照明が仕込まれていた。「これではできない」と訴えても「動くから使え」と言われるだけ。すべてを捨てて帰りたくなるところを我慢して公演した。海外では本当にいろいろなことを経験する。

　それでも現地に行き、直接観てもらうことでしか伝えられないことがある。上演の質はもちろん、公演に挑む姿勢を含めて、Noismとはどんな集団かを直接ぶつけること。理不尽な目に遭っても、プライドがズタズタになっても、歯を食いしばって継続していくことでしか得られない信頼があるのだ。キリアックさんは東京で開催されたシンポジウムで「日本にはNoismというすばらしい舞踊団がある」と発言するなどいまでも応援してくださっているし、コロナで実現はしていないが、招聘し続けてくれている。

　そして、そうした経験を共にすることで、劇場職員の経験値や技能は上がり、劇場で働く意義や志も共有できるようになる。それは劇場が世界水準の芸術活動の拠点であるために不可欠なことだし、そのエネルギーは劇場のある街にも伝播する。

　しかし現在では、劇場職員の人員不足により、かれらと海外ツアーに行くことはできなくなってしまっている。劇場専属舞踊団の課題は山積みである。

8 舞踊家を育てる

Noismメンバーの来歴は、欧州のカンパニーで踊ってきた子、海外の学校に入ったけれどオーディションに受からなくて帰ってきた子、あるいは国内の教室から来る子など、実に様々だ。そこに外国籍メンバーも加わる。本当に多種多様な来歴の舞踊家が、様々な想いを抱いてNoismに参加している。

メンバーの実際

Noismは厳しいとよく言われる。本気じゃないと続けられないのは当たり前だけれど、本気だったとしても成果が出なければ長くはいられない。一年契約とはそういうことだ。何より、この国で毎日朝から晩までこれだけ自分と向き合える環境を手にしているのだ、その成果はシビアに求められる。

外国籍メンバーの場合、これが「恵まれた環境」であるということ自体があまり理解できない。かれらの母国では当たり前のことであって、なぜそこにそれだけのプレッシャーがかかるのかがわからないのだ。もともとが個人主義で、集団としての志というよりは自分の成長のために来る子が多い。

それはそれで明確だから目標のない子よりはいいが、来ては去るので、集団としてはその入れ代わりに翻弄されてシンドイ。とはいえ、日本では踊れる男性舞踊家が圧倒的に少ないので、オーディションでは必然的に外国籍の男性メンバーを採る確率が上がる。コロナ以降、事情は変わってきたけれど。

一方、海外の事情を知らずにこの国で育ち、Noism にたどり着いた子には、危機感を持たせるのが難しい。家庭が裕福な場合は仕送りがあるし、周りを見れば、皆バイトをしながらお金を払って踊り続けている。自分が Noism で成果を出せなかったとしても、みんなと同じ境遇に戻るだけだ。危機感のない中で、がむしゃらな情熱や野心は抱きにくい。

シーズン終了後、自ら辞めていった子もいれば、こちらから辞めてもらった子もいる。好き嫌いやレベルの低さで選択したわけではない。そもそも私から見れば、皆まだ未熟なのだから。現状のレベルに関係なく、将来性を感じるか、この環境が適しているか、何よりどうしてもNoismで活動したいと思っているかが大事だ。気概や志のない子を引っ張り上げるくらいなら、情熱と野心に溢れた子と向き合っていたい。

しかし、人に引導を渡すほどつらいことはない。これは年間契約だし、プロの世界なのだから、と自分に言い聞かせてはいるが、いつまで経っても慣れないし、楽になることはない。それでも集団の代表として、意に介さないといった顔をして、あらゆることを鑑みて判断を下し、それを背負わなくてはならない。

愛し、信じ、共に叶える夢を見ていた舞踊家が去っていくのは、つらい。夢も希望も打ち砕かれ、自信を奪われる思いがする。それでもまた、目の前の舞踊家と向き合い、愛し、信じ、夢を見続ける。そうやって一八年間闘い続けてきた。

何人かのメンバーはNoismを辞めた後に海外の舞踊団で活躍しているし、何も変わらないこの国でバイトをしながら踊り続けている子もいる。いずれにしても、Noismで得た経験がかれらの力になっていると信じている。いま東京のコンテンポラリーダンス界で活躍している舞踊家の約半分は、元 Noism ではないだろうか。それは Noism が、この国の舞踊界にとって価値あるものであることの証左だろう。しかし、この「元 Noism」という呼び方には違和感がある。Noism は日々進化しているし、いまの Noism 以外に Noism は存在しない。

舞踊家にプロ意識がない

欧州では舞踊家のプロ意識が高く、劇場と契約して踊ることの意味を誰もがわかっている。一方、日本で踊ってきた子たちに、そうした意識はない。一年間 Noism のメンバーとして踊る契約を正式に交わしているのだから、ある作品でキャスティングされないからとか、指導が厳しいからといって、シーズン途中で辞めることなどできない。しかし日本ではそれが起こる。

誰でも気持ちの浮き沈みはあるし、家庭の事情だって身体の不調だってある。そもそも契約を交わして踊るということを経験してきていないのだから、仕方ないのかもしれない。けれど、たとえ口約束でも、自らの言ったことには責任を持たなくてはならない。仕事とはそういうものだ。プロとして契約した以上、シーズン最後までやり遂げるのは当たり前だし、自分個人のことを超える大きな事業に参画している意識を持つべきだ。もちろん、Noism の舞踊家（私を含む）は欧州と違って劇場職員ではないけれど、劇場で働くプロとしての自覚は必要である。だから、ただ舞踊が好きで踊っていたいのなら、舞踊を仕事にしないほうがいい。仕事に批判はつきものなのだから。

そして舞踊団をシーズン途中で辞めるというのは、本人だけの問題ではない。スタッフは舞踊団（舞踊家）のために働いてくれていて、自分が契約を獲得したことで、入れなかった舞踊家がいるのである。そうした舞踊団の一員として最低限持っているはずの心構えから、この国では教え、経験させていかなくてはならない。

私はルールに則って従順になれと言っているのではない。プロとして自らの意見は主張するべきだ。同僚に対してであれ、芸術監督に対してであれ、自分の思うところをぶつけるのは、いけないことではない。それは自分の仕事に対する尊厳を守る上で大切なことだ。ただし、自分の主張が通らなかったり、納得できないからといって、仕事を投げ出すのはプロのすることではない。

プロと認めてもらうには

プロとしての自覚を持つためには、プロと認めてもらうこと、見なされることも必要だ。劇場専属舞踊団であるNoismにとってそれは、市民からの眼差し、劇場で働く職員たちからの眼差しに応えることによって成される。こちらがプロ意識を持たない限り、社会の側がプロと認識してくれることはない。

お稽古事としか思われていない舞踊で、劇場の事業費から給料をもらって活動するのである。プロの舞踊家として、舞台上で「有無を言わせぬ表現」を実践することはもちろん、稽古に励む姿や舞台への取り組み方、挨拶に始まる礼儀など、一人の人間としても認めてもらわなければならない。

散らかし放題の稽古場や更衣室を目にすれば、職員は眉をひそめるだろう。市民も利用する共有スペースを汚さないように気をつけたり、すれ違う警備や清掃の方に配慮したり。そうしたことを蔑ろにすると、すぐに批判の矢が降ってくる。

長年いるメンバーはわかっていても、新しいメンバーが来れば、また一から注意事項を共有する。「Noismの舞踊家たちはきちんとしている。それであれだけの舞台を上演するんだから、応援もしたくなる」と、劇場にも市民にも思ってもらうこと、期待に応え続けることが大事なのだ。その積み重ねでしかプロと認めてもらうことはできないし、専属舞踊団としての信頼は得られないのだ。

教育機関で舞踊を学ぶとは

この国における舞踊芸術の発展・成熟には、大学などの教育機関に舞台芸術の学科をもっと作って、舞踊人口を増やしたほうがいいという考えもあるかもしれない。事実、私たちの先輩方は戦後、多大な努力によってそれを実現してきた。しかし、問題は教育の内容であり、卒業したその先の社会のほうにあると思う。

たとえばアメリカの場合、民間の支援で成り立っているとはいえ、各都市にカンパニーがあるから、プロへの道筋は見える。欧州であれば各国に国立・州立・私立の劇場があり、そこには劇場専属の舞踊団がある。ようするに就職先があるのだ。

しかし日本では、いくら大学で舞踊を学んでも、就職先はどこにあるのか。お隣の韓国も同様で、舞踊科のある大学は日本より多いにもかかわらず、公的に支えられているプロのバレエ団は一つしかない（伝統舞踊と合わせても二、三団体）という。せっかく教育を施しても、プロになる道筋が社会に用意されていなければ、学んだことを社会に還元することができない。

しかも、大学で得られる教育のほとんどは、舞踊の歴史や舞踊論、あるいは身体論といった知識の学習であり、実技（知恵）の学習ではない。実技があるにしても、毎日継続的に鍛錬している学校がどれほどあるだろうか。教員は専門家でない場合が多く、ゲスト講師が来るとしても年に数回だろう。大学が舞踊科を持つことの意義をどのように考えているのか、疑問を抱かずにはいられない。

あるとき、某大学に講師就任を打診されたことがあった。そのとき大学理事が発した言葉は、私の疑念を正当化するものだった。「なぜ舞踊を教えるのですか」と質問した私に、理事は「私たちは、生徒が集まればいいんです。あなたは一体いくらほしんですか？」と言ったのである。経営者としては間違っていないのかもしれないが、曲がりなりにも教育機関の理事が教育理念さえ語れないのか、と愕然とした。何より、舞踊を見下したその態度が許せなかった。この国における舞踊の、そして舞踊家の社会的地位を如実に物語る一件だった。

義務教育に舞踊は必要か

二〇〇八年の小・中学校学習指導要領の改定により、保健体育においてダンスが必須科目となった。これについては私も中高ダンス部や保健体育の先生方に事情を伺ったことがあるが、その意義には疑問がある。

中学校で行われているダンスの授業を見学したこともある。専門知識のない先生は座って見ているだけで、生徒たちがグループごとに音楽を選び、振付をしていた。ダンスの授業を通し、身体について学べることはいくらでもある。生徒のコミュニケーション能力を高めることもできる。しかし実際に行われていたのは、自分の踊りをTikTokで配信しているような子が、嫌そうなクラスメイトたちを先導してヒップホップの真似をする。あるいはコントのようなものを作って笑い合うといったことだった。ようするに、踊ることの恥ずかしさを笑いに変えて乗り越えようとしていたのだ。

コミュニケーション能力の育成において、羞恥心の克服は非常に重要な課題だ。思春期にそれを克服することがいかに大事か、私は欧州留学中に嫌というほど味わった。会話とは身体表現なのであり、グローバル人材を育成したいのなら、言語の学習よりも身体表現の学習のほうが重要だと言える。

舞踊と体操を分ける最大の要素は、音楽との関係性だ。ただリズムをとるだけなら体操でいい。どのように音楽を感じ、読み解き、身体化するか。動きを真似るにしても、他者の身体のどこに注目し、どのように真似るのか。そのとき自分の身体はどうなっているのか。それらに着目することで得られる学びはたくさんある。

誰もがＳＮＳを使う時代だ。すでに一億総表現者と言ってもいい状況にある中で、重要なのは、どのように表現するかよりも、その表現をどう感受するかである。いくら歴史を学び、映像を眺め、真似して踊っても、自分が何を感じたか、どう感動したかを知らなければ、それを表現に変換（アウトプット）することはできない。表現の読み取り方、受け取り方を学び、自らの感動が友人の感動とどう違うのか、その違いを議論することのほうが、教育としてよほど意味があるのではないだろうか。

身体を使って自由に表現しようという割に、大人たちが身体を自由に使うとはどういうことか、表現を感受する人間の知覚の深さや多様性を理解しないまま、舞踊の授業が行われている気がする。そうした状態で舞踊が義務教育に取り入れられても、子どもたちが身体表現の可能性に気づくことはないだろう。下手をすると、ただ舞踊を嫌いな子を増やしてしまうだけなのではないかと、危惧している。

舞踊家のキャリアを考える

集団で長く活動していると、ベテランメンバーが増えてくる。かれらの知識や経験をどのように集団活動に活かすかを考えることは、芸術監督の仕事の中でも大事なものの一つだ。そのメンバーの才能と能力をよく理解した上で、適切な任務に当たってもらうこと。役職を与えること。時には冷静に衰えを分析し、キャリア転換の道を示すこと。その判断力と決断力は、集団を率いる者に問われる最も重要な能力だと言える。

舞踊家も、長期間共に活動していれば、私の芸術性やNoismの集団性がわかってくる。個人として高みを目指すことだけでなく、集団における自分の役割を見出すことが大事だ。その二つが相反することなく、むしろ相乗効果を生むようになったとき、その舞踊家はNoismメンバーとして胸を張れるようになる。だから私は定期的に、経験を積んだメンバーに朝のトレーニングの指導を任せたり、稽古監督に就任させたりと、なんらかの責任を与えてきた。

あるとき、佐和子がNoismを辞めて欧州に戻りたいと言い始めた。創設当初から一緒に踊っていた同年代のメンバーのほとんどが去り、張り合いを失っていたのだ。そこで、それならいったん指導する側に回ってみたらどうか、と提案した。ミストレスとしてメンバーを指導することで新しい刺激が得られるかもしれない、と。

結局、佐和子がミストレスをやったのはわずか半年だったけれど（半年後には私と踊っていた）、この経験が佐和子にとって、とても意義あるものであったことは、その後の佐和子の躍進が証明している。

時に退いてみること、離れて見ること——それは終わりではなく、新たな始まりになる。この意識は舞踊家としての長いキャリアを築く上でとても大切だし、それを許容できる集団であることは、集団の継続性においてはもちろん、集団を組織として強固にするためにも重要なことである。もちろん、そこに至る道は一様ではない。集団としても個人としても、トライ&エラーを繰り返して見出す他ない。

欧州の劇場にはそうした役職が制度として組まれている。しかしそれも、初めから決まっていたわけではなく、どこかで誰かが必要を感じて始め、長い年月をかけて制度化されてきたはずである。日本の民間バレエ団では欧米のカンパニーに倣って同様の役職を設けているけれど、公立劇場専属舞踊団であるNoismとしては、なぜ舞踊家以外の役職の人が必要なのかを一から説明し、劇場を説得して制度化していかなければならない。

舞踊家のキャリアを支える

舞踊家のキャリアにとって、怪我は最大の障壁である。だから欧州の劇場ではケアが徹底している。専属トレーナーもいれば、手厚い障害補償もある。それは温情としての社会保障ではなく、劇場文化にとって当然の措置だ。舞踊家たちはその国の文化を担う専門家たちなのだから。

Noismでも設立当初から、可能な限りケアを行ってきた。専属トレーナーを年間契約する予算はないが、公演時にはトレーナーに劇場入りしてもらい、マッサージやテーピングの処置をはじめ、突発的な怪我にすぐ対応してもらえる体制を敷いている。怪我は、直後の処置次第で治りがまったく違うし、回復の仕方を間違うと、その後のキャリアに影響するからである。

この一八年間で、長期間踊れないほどの怪我をした舞踊家は三人いる。うち一人は手術せずにダンサーをやめてスタッフになることを決め、あとの二人は手術後約一年間リハビリに専念させた。そのリハビリや助言も、公演時にお願いしているトレーナーの方が行ってくれている。そうして同じ専門家に見続けてもらっていれば、小さな異変にも気づいてもらえるし、早めにアドバイスをしてもらうことができる。

リハビリ中も、劇場を説得して給料を払い続けた。そもそもNoismメンバーの年間契約料は公演に対するギャランティではないけれど、活動すらできないとなると問題視されるのだ。そこで、集団としては踊れるメンバーが減ることになるが、演出補佐や若手の（口頭での）指導をするからと説得して、完全に回復するまでサポートを続けた。

設立当初は財団が傷害保険に入ってくれていたけれど、あるときそれが「雇用」にあたるとして外され、個人で入ることを余儀なくされた。しかし二〇二二年からは、そのためのお金を給料に上乗せしてもらえるようになった。これも結局は、そのときの支配人と課長が協力的か否かに拠っているのであり、明確な基準は存在しない。

それでもこうして一つ、またひとつと、理解と協力を得てNoismは進んでいく。いままでも、そしてこれからも。

9 舞踊団を率いる

芸術監督であり振付家であり、実演家でもある私の場合、限られた時間の中でどのように自らの時間とエネルギーを分割するかが命題になる。

稽古を途中で抜けて行政と活動継続の交渉をすることもあれば、創作に集中したい気持ちを置いて、活動環境の改善のため劇場との会議に出席することもある。その一方で、自らの芸術性を実現するには、自分が出演せざるを得ない場合もある。舞台で踊るなら、やはり納得できるまで稽古したい。

振付した作品に自ら出演する場合は、実演の評価に加え、作品自体の評価も肩にのしかかってくる。そこには当然芸術監督としての責任もある。だから結局、分割なんてできないのだ。すべては自らが信じる舞踊のためなのだと、自分を説得してこれまでやってきた。

踊ることと創ること

踊るということはとてもアクチュアルな闘いだ。若い頃に経験を積んできたおかげもあり、技術面の低下や自分の感覚の衰え、足りていなさが如実にわかるから闘いやすい。物理的に稽古を重ねて自分の身体を鍛えれば鍛えるほど、成果は質として表れるし、やめれば途端に質が落ちる。その差が歴然としているから、エネルギーはかかるが、やりがいはある。

批判されれば負けず嫌いが発動するし、評価してもらうと素直に「だよね、おれまだ大丈夫だよね」と奮起できる。私にとって実演とは、自分と観客との一回性の勝負だ。生の実演でしか感じられない今際の際、あのヒリヒリする緊張感を得られなくなったときが、踊るのをやめるときなのかもしれない。

そうした明確な「この身体」という対象がある実演と比べ、振付の対象は音楽や他者だから難しい。しかしだからこそ、面白い。自分でもなぜこの美しい瞬間が生まれたのかを説明できないようなとき、他者が私の振付を通して未だかつてない変貌を遂げるとき、とても大きな喜びを感じる。それは自分の想像を超えたものに触れるということであり、それこそが私にとっての振付の醍醐味だ。自分の想像の範囲内のものを創るのであれば、実演しているときのほうが、よほど生きがいを感じる。

音楽を聴いていると、頭の中にある世界が見えてくる。そのイメージに従って創っているだけだから、結果としての評価がモチベーションになることはない。だから賞を受賞するとか、お客さんが喜んでくれているとかいったことは、どこか他人事に感じてしまう。

私の中には常に「まだこんなものじゃない」という気持ちがあるのだ。だからそのイメージが湧いている限り、創り続けるのだと思う。

ときどき佐和子にも言われることがある。「それは振付家として言っているの？　それとも実演家として言っているの？」と。どうバランスをとっているのか自分でもわからないのだが、作家としての視点と実演家としての視点、異なる二つの視点が私の中には同居している。どちらかに集中したい自分もいるけれど、振り子の両端を持っていたい、そうしなければバランスを失いそうになる自分がいるのだと思う。

「Noism 2」と「Noism 0」の設立

二〇〇九年に若手研修生のためのカンパニー「Noism 2」を設立した理由は主に三つある。一つは、カンパニー全体の活動を恒常化させるための人材育成機関の必要性だ。独自のメソッドがあるNoismでは、加入後、Noismスタイルへの適応に時間がかかる。2の段階でメソッドを学び、Noismメンバーに求められる様々なことを経験した上で1に上がってくれれば、即戦力になる。

もう一つは、カンパニーとして活動の幅を広げるためだ。集団が一つしかないと、複数の依頼に同時には対応できない。国内外への発信が活動の中心であるNoismにとって、市内で開催されるイベントへの出演は課題だった。しかし市内で開催されるイベントには、プロとして出演するのは相応しくないが、研修生の経験としては申し分ないものがある。2ができたことで、ローカルな活動をより展開できるようになった。

そして最後が、一人でも多くの若い舞踊家に毎日無償で稽古できる環境を与えたいと思ったことだ。研修生は無給だ。毎日一緒に稽古をするし、クリエーションにも参加するが、給料は出ない。メンバーの代役が必要なときや、挑戦させようと思う場合には舞台に上げることもある。その際にはお小遣い程度の報酬が出るが、それだけでは生活できない。だから研修生は、各自でお金を工面しなければならない。

それでも生活費以外、クラスの受講料はもちろん団員費もかからない。親元を離れ、単身新潟に移住し、舞踊漬けの日々を送ること。同年代の子たちと切磋琢磨すること。舞踊が金銭的に裕福な子だけがやる「お稽古事」から脱却するためには、公的なサポートが必要なのである。その環境を有している劇場専属舞踊団として、これは絶対にやるべきことだと思った。

Noism 2の設立により、研修生たちの日常は大きく変わった。それまで稽古場ではメンバーの後方で自ら学びながら振りを覚えていたが、2では専用の稽古監督が時間をかけて指導してくれる。市内に狭いけれど専用の稽古場も確保した。年一回の定期公演も行えば、イベントにも単独で出演できる。これまで以上にやりがいのある立場を獲得したのである。


二〇一九年にはプロフェッショナル選抜の「Noism 0」を正式に立ち上げて、Noismは三カンパニー制での活動を始めた。この複数カンパニー制は、NDT時代の恩師キリアンから学んだ方法論だ。私が退団した後（キリアンが芸術監督を退いた後）、NDT3（四〇代〜六〇代の舞踊家のためのカンパニー）は閉じてしまい、キリアンはとても悲しんだと聞く。恩師の想いをここ日本で引き継げたなら、うれしく思う。

舞踊家にとって、齢を重ねてこそ表現できる作品に取り組むことは、そのキャリアに与える意味の大きい重要な仕事だ。欧州の舞踊界では実演家は四〇代、遅くても六〇代には引退となるけれど、日本の伝統芸能では、四〇代は新人扱いだ。身体表現とはそれほど奥深く、時間のかかるものであることを、この国の先人たちは知っていたのだ。欧州にはない、この国のとても意義深い劇場文化だと思う。

年代の異なる舞踊家が共に活動することには、もう一つ重要な意義がある。現代社会でその機会の減少が問題とされている世代間交流が生まれることである。若い舞踊家は、目標にできる先輩が目の前にいることに刺激を受けるし、その先輩に、若さゆえの葛藤を相談することもできる。円熟した舞踊家もまた、かつての自分たちのような、希望に満ちた若い舞踊家たちから刺激を得る。そのような多世代を内包した豊かな集団性こそが、劇場文化を、時代を超えて続くものにしてゆくのだと思う。

プロフェッショナルの境界線

しかしNoism 2の設立から一〇年が経つ頃には、課題も見えてきた。

Noism 1に上がってすら、プロの舞踊家であるという意識を持てない者が多いのが日本の舞踊界である。給料が出ているかいないかという違いだけでは、なかなかプロ意識は育たない。2では皆、1に上がるという目標に向かって努力している。しかし当然全員が上がれるわけではない。だから上がれそうもないと感じたとき、モチベーションが維持できなくなってしまうのだ。

これは私がNDT2で経験したことだが、我慢も努力も目の前の目標のためだけに費やされると、その目標が叶わなくなった途端に意味を失ってしまう。1に上がることは選択肢の一つと捉え、あくまでも自分を高めるために我慢し、努力しなければならない。そうでなければ、自らの可能性を最大化することはできないのだ。しかしそのような飽くなき探究心、高い志を持ち続けられる者は、プロの世界でも一握りだ。

良かれと思って制度化した「無償であること」も、プラスの作用を及ぼすとは限らなかった。日々のケータリングや公演で使う衣装までが提供されるという恵まれた環境にいるうちに、それが当たり前になってしまう。先輩たちの代役として公演に出られれば幸運だったそれまでとは違い、2単独の公演では必ず配役され、踊る機会を与えられる。それだけで満足してしまう危険性があるのだ。

1と一緒に稽古すれば負けず嫌いに火がつくとも言いがたい。1の中には2から上がったばかりの若い子もいて、誰の目にもわかるほどのレベルの差があるわけではないからだ。舞踊は、スポーツ競技のようにタイムや点数でレベルを測ることはできない。クラシックバレエや日本舞踊のように決まった型があるわけではない現代の舞踊では、よほど優れた目（それは経験や才能によって培われる）を持っていない限り、レベルの差が判別しにくい。そのための基準としてメソッドを考案したのだが、その基準に合致しているかさえも、評価を下せるのはメソッドを習熟した者に限られる。

では、私は何を基準に1に上がるメンバーを選んできたのか。一つには、私が芸術家として惹かれるかどうか、である。現時点のレベルだけでなく、その子の態度や集中の度合い、そして可能性を感じるかどうか。年功序列の発想はないから、一年で1に上がる子もいる。しかし1に上がった途端に成長が止まる子もいれば、半信半疑で上げた子が驚くほどの成長を見せることもある。結局は、上げてみないとわからない。

そしてもう一つが、朝から晩まで共に過ごす仲間として信頼できそうかどうかだ。集団で活動することが向いている人なのか、集団活動が本人にとっても集団にとってもプラスになりそうかどうかが、重要な指針となる。私の判断は、ベジャールさんによる「芸術家としての判断」とキリアンのところの「組織としての判断」の折衷案であると言える。

個の尊重と集団活動の間で

若い舞踊家たちの自己評価の仕方の変化には、時代の影響もあるだろう。二〇〇〇年代以降のコンテンポラリーダンスでは表現が多様化し、それぞれのよさを認めるという意味での個人主義が一般化している。だから「あの人にできていることが私はできていないから頑張ろう」といった他者との比較ではなく、「あの人はああだけど、私はこれでいい」という自己完結が成り立つようになった。踊りに対する姿勢やプロとは何かといった本人の精神的ありようは、やはり社会のあり方と密接につながっているのだ。

「個を尊重する」時代に、「見て学ぶ」とか「他者との差異に気づく」といった、一昔前までは当たり前だった姿勢を期待することはできない。他者と比較されることに慣れていない子たちとは一人ひとり丁寧に向き合う必要があるけれど、それを全員が求めたら、指導者はやっていられない。何より、本当に情熱と才能を持った子たちの時間が奪われてしまう。

どんなに時代が変わっても、芸能の本質である「見て学ぶこと」や「他者からの影響で成長すること」は、変わらない。それが身体表現の真髄なのだ。

もちろん、かれらにも承認欲求はある。というか、向上心と承認欲求が直に結びついている。

たとえ認められなくても自分を高めたいという向上心よりも、ただ現状の自分を認めてもらいたい、という感覚が強い気がする。SNSなどインターネットの仮想空間における他者、一生のうちで一度も会わないような他者に認められれば、それで満たされる。だからいまいる場所での立ち位置や、所属している集団の中で自分に何ができるのかがイメージできないし、そこで情熱を掻き立てようとする意欲が希薄になってしまう。

カンパニーに所属する舞踊家が、目の前のリアルな他者によって意識変容が促されないようでは、集団活動の意義を失っているに等しい。誰かと共演するときには、その相手と踊るからこそ引き出される自分、自分と一緒に踊るから相手に与えられるものが必ずある。たとえ一人で踊っていても、そこには観客がいるのだ。身体表現者として、観客の意識変容を促せないというのは致命的である。感動する／させるとは、意識を変容させることに他ならないのだから。

信頼できる同志の再加入

二〇一三年、山田勇気[*1]をNoism 2の専属振付家兼リハーサル監督として迎えることになった。二〇〇九年までNoismメンバーだった勇気が、東京で鳴かず飛ばずの活動をしていることを歯痒く思っていた。札幌出身の勇気が東京で活動してみたい、自分一人の力で勝負してみたいと思ったことは理解できる。しかし私には、それが彼に合っているとは思えなかった。

彼は私とは明らかに違うタイプだ。ダンスを始めたのは大学時代と遅く、海外に出たこともない。Noism に来て基礎を一から覚えたのだ。ぱっと見の派手さはないが、事の本質を理解する能力に長け、その理解に時間をかけて黙々と取り組める、そんな舞踊家だ。その勇気が、わかりやすい身体能力や見た目の派手さ、社交が重視される東京のシーンでうまくやっていけるとは思えなかった。むしろその才能は、Noism のような環境でこそ活きると感じていた。

彼には振付の才能もあったから、Noism 2 を立ち上げてからは何度かゲスト振付家として招聘し、その都度「最近どうだ?」と声をかけ続けていた。勇気に限らず、Noism を辞めたメンバーたちの現在は気にしている。それでも「戻ってこないか?」と声をかけたのは、勇気が初めてだった。それほど彼の才能は Noism でこそ活かされると思ったし、これからの Noism に必要だと思った。

帰国子女の私には、この国で踊り続けてきた舞踊家たちの心理や葛藤を本当の意味で理解することはできない。一方、勇気の場合は Noism に新たに参加する舞踊家として金森穣の望むことを理解し、自らの身体に落とし込んでいく難しさを経験しているだけに、私や佐和子にはできない助言ができる。

そして彼には、教育大学出身だからなのだろうか、教育的センスもある。自らの理論を平易な言語にして他者と共有する能力と言ってもいい。それはNoismにとってとても重要な力だ。この力は、若い舞踊家たちへの指導においてはもちろん、市民向けワークショップなど非舞踊家への説明や手引きにも活きてくる。

二〇二二年秋からの新体制では、市民向けのオープンクラスやNoism 2の活動を含む、地域活動部門の芸術監督を勇気に担ってもらっていることを考えると、この時期の選択は、いまにつながる道筋の始まりだったのだと感じる。勇気には全幅の信頼を置いている。

【注】

＊1——山田勇気　舞踊家、振付家。北海道教育大学時代にダンスに出会う。二〇〇五年Noism入団、一三年Noism 2リハーサル監督、二〇年よりNoism 1リハーサル監督に。Noism 0メンバー。二二年九月、Noism Company Niigata地域活動部門芸術監督に就任。

10

日本の劇場の問題点

日本全国には二〇〇〇を超える劇場／会館／音楽堂と呼ばれる施設があり、各自治体の税金で運営されている。しかしその運営のされ方、税金の使われ方に疑問を呈したり、改善を訴えたりしているのは、ごくわずかの専門家たちだけだ。多くの市民はその内部事情、どのように税金が使われているかを知らない。興味もない。背景には、世界的にも稀な日本の劇場事情がある。専門家不在のカリモノ／ハコモノとしての劇場というあり方だ。

先進欧米諸国から文化施設というアイデアだけを借りたこのハコモノは、市民がお金を払って多様な目的に利用する場所として機能するために設計されている。使う機会のない市民にとっては、莫大な税金を投じて作られたモニュメントでしかない。

この国に住む多くの人が抱くそのような劇場への認識を変え、劇場文化を欧米のカリモノではない、この国独自の文化政策に転換させていくことはできないか——そう考え、私はいままで試行錯誤を続けてきた。けれどその道は険しく、問題の根は深い。

劇場に専門家がいない

日本の劇場は、「ものを創り、発信する」という創造型劇場の機能を有していないとつくづく感じる。舞台美術を作る場所もなければ、大道具担当者さえいない。

たとえば、りゅーとぴあには舞台で使う美術を保管する倉庫がないため、Noismでは劇場の外に倉庫を借りている。作品が増えれば、美術も衣装も増えていく。いまのところ空いている市の施設に置かせてもらっているが、市の方針が突然変わって、その施設を別の用途に使うとか、建物を壊して売地にするということもあり得る。そうなれば次の保管先を探すしかない。場所が足りなくて、仕方なく破棄した美術もある。

また、地方劇場全体に言える問題の一つに、専門家の外注が必要という現実がある。りゅーとぴあにおいても、舞台を創るとなれば、舞台監督・照明家・音響家など、すべての専門家に東京や大阪などの大都市から来てもらわなくてはならなかった。劇場職員にも音響・照明・舞台の人員はいるが、施設管理が主な目的で創作の経験が少ないから、当初は彼らだけで舞台を創ることができなかったのだ。

専門家を外注するということは、そのぶんお金がかかるということである。Noismが外部からいただく公演料はりゅーとぴあに入る。しかし、当初は舞台監督や照明、音響などすべてのスタッフが外注だったため、公演料の三分の二はかれらのギャラで消えてしまっていた。その他の雑費を払うと、りゅーとぴあにはほとんど残らない。

劇場職員がやれば人件費を節約できるし、劇場の収入も増える。劇場でオリジナル作品を創る意味を考えても、職員自身ができるようになるのが望ましいのは明白だ。かれらが経験しながら技術を磨けば、劇場文化自体も成熟していく。そう主張し続けた結果、劇場の舞台スタッフにも参加してもらえるようになっていった。

しかし、かれらは市民利用の立ち会いや外部の公演者のサポートをするための劇場付きのスタッフである。ツアーともなれば劇場を空けることになるから、代わりの人員を外注しなくてはならない。つまり、職員がNoismの仕事のために劇場を空けると、舞踊部門は利益を得るが、劇場全体としての外注予算は余分にかかるし、職員のシフトがより厳しくなる。

それに、りゅーとぴあの舞台スタッフの一部は新潟市内の民間企業からの出向組で、そもそも劇場職員だけで維持管理さえできていないのだ。

従来の体制・環境を変えることなく、世界発信する専属舞踊団の活動と、日本型の維持管理中心の劇場活動の両方をやっているのだ。二〇一九年に労働基準法が改正されると、労働超過になるとして連れていくハードルが上がってしまい、ここ数年は主催事業でない限り、ツアーに一緒に行くこともできない状況である。

創造・発信と謳っていても、よくて創造止まり、発信は外部に依存する他ないのである。

外部に払いすぎている

日本の劇場の特徴として、外部に支払いすぎているという問題も、指摘しておきたい。

特に地方の劇場は、首都圏の人にお願いしなければ舞台公演を行えないという歪な構造で成り立っているために、ほぼ言い値を飲んでしまっている。私ものちに舞台製作の事業予算書を見て、「こんなに払っているのか」と驚いたことがある。

相場がわからず、来てもらわなければ公演ができないことへの引け目もあるのだろう。すべては知らないから起きていることだ。だからこそ専門家を内部に置き、正当な意見を共有していく必要がある。

私の在籍した欧州の舞踊団では、劇場がゲスト専用のアパートを持っていて、長期滞在するゲストはホテルではなくそこに滞在させていた。理由はもちろん、そのほうが経費がかからないからだ。ゲストも自炊ができ、滞在が快適になる。そうした長期的視点に立った持続可能な運営体制が敷けず、毎回その都度お金——それは税金なのだが——を払ってなんとかしているというのが日本の現状である。

一つの舞台作品を創るときのお金と意思決定のバランスも、日本は極端に未熟だ。二〇歳で振付家デビューをした私は欧州時代、常に年配の人たちと一緒に舞台を創っていたが、どんな大御所も私を作品の意思決定権を持つ「振付家」として尊重し、指示を仰いでくれた。未熟なままではダメだと痛感するから勉強もする。しかし日本では年功序列的な感覚が強く、若かった私は色々と苦労した。

あるときなど、外部委託の照明家がゲネプロ当日、突然帰ってしまって本当に大変だった。「君のためにデザインするから」と大量の機材を持ってきてくれたのはいいが、デザインされたものが気に入らず、修正をお願いし続けたところ、機嫌を損ねて帰ってしまったのだ。若い振付家にそこまで指示されたことなどなかったのだろう。

自分の物差しがない

りゅーとぴあが作品内容に具体的に介入してきたことは一度もない。Noismの作品は評論家など外部からの評価が高く、どこかで誰かが評価したことが耳に入るからだと思う。

行政の方たちも、外部から高い評価を受けているらしいとなると、「ああ、やっぱりすごいんだな」と安心し、「専門家も評価しているし、いいんじゃないか」となる。だから賞を受けることはとても大事なのだが、それは自分の中に確固たる物差しがなく、判断を外部に依存している証でもある。

欧州では、文化政策関係者や評論家はもちろん、一般の観客であっても自らの物差しを持っている。そしてこれは当然のことだが、二〇世紀のマスターたちも失敗作を創ってきた。それでも観客が観に行き続けるのは、舞台の上に圧倒的な「質」があるからだ。たとえブーイングが起きても、舞踊家のレベル、プロダクションのレベルは一流だから、次の公演がかかれば観客は観に行くのだ。それこそが劇場文化への信頼である。

しかし作品至上主義が強く、舞踊家の質が担保されていない日本では、作家は失敗を恐れ、プロデューサーは名の売れた舞踊家を集めることに必死になる。こうして業界は、ジャンル愛好家を対象にした同好会のようなものになっていく。

この悪循環を断ち切るには、舞踊団の質を上げるしかない。月給を払い、時間と場所を確保して舞踊家を鍛える。専属スタッフを雇い、製作体制を充実させる。舞台スタッフに経験を積んでもらい、プロダクションの質を上げる。そのすべてを統括できる劇場体制を構築し、その体制から生み出される質の高い公演を継続することで、劇場文化への信頼を獲得するしかないのだ。ない文化を一から作るというのは、そういうことなのである。

チケット料金をめぐるジレンマ

公演のチケット料金は、Noism 設立当初からできる限り安く抑えるべく調整を重ねてきた。欧州ではチケット代が全般的に安く、高価な席がある一方で、末席のように非常に安価なチケットもある。劇場をハレの日だけの「特別な場所」ではなく、地域住民がいつでも気軽に観に行ける場所にするためには、安価なチケット料金の設定は重要だ。

しかし結局、他の催し物とのバランスを考慮して金額を決めざるを得なかった。特殊なことは承認されにくいのだ。その後も劇場を説得し続け、なんとか現在の料金設定になったが、それも維持するのが難しくなってきている。すでに述べたように、外注スタッフにお願いする機会が増え、事業に必要な予算が増大してしまったのである。現在では、チケット料金を上げなければこれまでと同レベルの作品が上演できない状況に追い込まれている。

一方で、料金が高いほうが「いいものを見た」という気持ちになる人もいる。自らの審美眼よりも、料金にその価値を見出してしまうのだ。だとしたら、我慢して料金を下げる意味はないのかもしれないとも思うが、それとて所詮は「出せる人たち」に限っての話だ。出せない人にそんな理屈は通らないし、民間ではし難いことを公立劇場はやるべきだと思う。

劇場に語り合う場がない

日本の劇場には、人々が集い、語り合う場がない。建築理念上は人々が集う場ということになっているけれど、それは公演時における一時的な集客にすぎない。週末には多くの市民がスタジオを利用するし、大規模イベントの開催日には、劇場に多くの人が訪れる。けれどそれは年間日数にしてどれほどだろうか。スタジオ利用者は利用直前に来て終われば帰るし、観客は公演直前に訪れて、終演後はすぐに劇場を後にする。

多くの劇場には共有スペースや、カフェやレストランがある。けれど共有スペースは勝手には使えなかったり、飲食禁止だったりするので、地域住民が立ち寄っても、通り抜けるだけになってしまう。

カフェやレストランは公演のない日には開いていないとか、終演後は閉まっていることが多い。テナント料が高く、安くて美味しい店は入らないため、飲食を目的に訪れ、「あっ、今日公演やっているんだ。観ていこう」といった偶然の出会いも生まれない。

だから劇場は、いつまで経っても特定の市民が時々訪れる特殊な場でしかないのだ。専門家が常時芸術活動をしていて、ふらりと立ち寄った市民と会話を交わしたり、終演後には観客同士が感想を語り合ったり――そのような豊かな劇場空間を、どうしたら生み出せるのだろうか。

これは建築の問題でも、管理運営する組織の問題でもない。劇場と呼ばれる公立施設の設置目的の問題なのだ。だから行政には、その見直しを含め、新しい劇場文化のビジョン、街の未来に対する文化的ビジョンを示してほしいものである。

II

作品・観客・劇場を育む

制約が生む創造性

外から見たら、私は恵まれた環境で創りたい作品を自由に創っているように見えるかもしれない。けれど作家というものは、常に様々な条件や制約の下で創作しているものであり、そもそも自由な創作なんてものは存在しない。条件や制約をいかに創造性に転化することができるか、その仕方にこそ、作家の個性が表れるのだ。そして制約こそが、作家の創作能力の拡張には欠かせない挑戦となる。

だから、作家であり芸術監督（プロデューサー）でもある私は、自らに創作的制約を課すことを厭わない。二〇〇八年から始めた「見世物小屋シリーズ」も、その一つである。

このシリーズは合計三作創ったが、すべての作品が、我々が日々稽古するりゅーとぴあのスタジオBで上演された。スタジオBは壁が黒くて鏡も隠せるから、照明を吊るして客席を組めば公演ができる。そんなりゅーとぴあの施設としての可能性を使いこなしたいという思いもあった。「見世物小屋シリーズ」はその名の通り、見世物小屋のように狭く混沌とした世界で繰り広げられる舞踊劇だ。二〇歳の頃から欧州の劇場で振付をしてきた私は、日本の振付家たちとはキャリアが真逆で、デビュー当時から大劇場で上演する作品を創作してきた。だからいつか、憧れの六〇年代の小劇場のような狭い空間的制約を、自らに課してみたいと思っていた。

スタジオ公演には、年間の公演回数が増えるという利点もある。Noismでは通常、春と秋の年間二プログラムを劇場用に組んでいる。劇場客席のキャパシティ＝約五〇〇で換算すると、一演目につき行えるのは三公演がせいぜいであり、地元新潟では年間六回しか公演を行えない。一方、スタジオの場合、キャパシティが一二〇人程度のため、同じ観客数を得るのに一一、二回の公演が行えるようになる。

公演回数を増やせば、舞踊家たちにより多くのパフォーマンスの機会を与えられる。それは成長の機会を多く得られるということだ。いくら稽古を重ねても、本番でしか見出せないもの、積み重ねられない経験がある。若ければ若いほど、その経験はのちの円熟に多大な影響を与える。だからメンバーにはもっと多くの公演を経験させたいと思っていた。

公演回数が増えることは、観客にとっても利点となる。一プログラムの公演回数が三回では、そのとき都合が悪ければ、次にNoismを観られるのは半年後になってしまう。しかしスタジオ公演にすれば、週末だけでなく平日にも公演ができるし、市民にとっては観られる機会が増えることになる。

そうした意図もあり始めたこの「見世物小屋シリーズ」の第一弾《Nameless Hands—人形の家》は好評を博し、Noismとして初めての賞、朝日舞台芸術賞（二〇〇九年）を受賞することとなった。

条件を活かす

Noism 2ができて舞踊家の人数が増えたことで、大所帯でしかできない「物語もの」を創れるようになった。

一口に舞踊と言っても、その種類はいくつかある。音楽を可視化したようなシンフォニックなもの、抽象度の高いコンセプチュアルなもの、そして物語を軸にした物語舞踊である。クラシックバレエではチャイコフスキーの三大バレエに代表されるような、大人数で踊る物語性の高いイブニングものは定番だが、コンテンポラリーダンスではあまり創られていない。そもそも物語＝古典という認識があるからだろう。とくに日本のコンテンポラリーで物語舞踊の作品を手がける振付家はほとんどいない。かく言う私も、それまで創ったことはなかった。

これからの新しい舞踊の形を考える上で、古典的形式に遡り、その上で新しい手法や感性、音楽性を取り込んだ「物語もの」を創ってみるもいいのではないか。それを自らに対する新たな制約として掲げることで、演出能力を高めたいという野心を抱いた。そうして二〇一〇年に発表したのが、Noism 1＆2合同公演《劇的舞踊「ホフマン物語」》だ。

少人数による作品や、異種交流という大義に基づいた寄せ集めのコラボレーション、作家個人の葛藤や思いを乗せた個人的作品が蔓延する中、不特定多数と共有可能な物語舞踊を創れば、コンテンポラリーダンス界に一石を投じることになるのではないか、という思いもあった。

もう一つ理由があった。それは予算不足とスタッフ不足だ。この当時は国内ツアーを決めるために動いてくれるスタッフがおらず、公演は新潟限定にならざるを得なかった。しかし新潟でしか上演しないということはチャンスでもある。ツアーがあるときにはできないような大掛かりな作品ができるからだ。とはいえ予算はない。そこで、劇場に常備してある平台や箱馬といった木造の台や箱を使って、舞台を演出した。

舞台スタッフの人数も限られているから、転換は舞踊家たちがやる。しかも劇中に美術を移動させること自体も舞踊にする。空間全体が踊るのだ。このときの経験は、その後の私の舞台演出に多大な影響を与えていく。

限られた条件下で浮かぶアイデア、苦肉の策から生まれる新たな表現、気づきは往々にして、舞台芸術の真理を垣間見せてくれる。予算があればと思うことは確かにある。しかし、予算があり、スタッフもたくさんいて、なんでも好きなように創れるようになったとき、あるいはそう勘違いしたときに、作家は傲慢になり、その創造力は低下するのだと自分に言い聞かせている。

新潟限定公演には、東京から来る観客が増えるという効果もあった。現在では、県外からの観客が客席の二〜三割を占めるようになっている。これは新潟市の舞踊団としてとても価値のあることだ。末は海外からの観客も新潟市を訪れるようになることを目指している。

「再演」のからくりと「作品を残す」ということ

二〇一〇年より、冬公演は新作ではなく再演を中心にすることになった。理由は二つある。

一つ目の理由は、もちろん予算だ。この時期は劇場が非協力的で、新作を創る予算が一作分しか確保できなかったため、それを二つに分けるよりは、一プログラムを再演にしようと決めたのだ。とはいえ再演も無料でできるわけではない。美術や衣装、振付料といった、新しく作品を創るための製作費はかからないが、外注スタッフに払う費用は変わらないからだ。欧州の劇場のようにスタッフを抱えている場合には公演回数を増やせば利益は上がるけれど、劇場スタッフだけでは公演ができない Noism の場合、上演にはそれなりの費用がかかってしまう。それでも新作公演よりはましだが。

もう一つの理由が、舞踊家の成熟だ。

新しい作品の場合、振付家は目の前の舞踊家のために創作する。それは台本作家の当て書きのようなものだ。しかし自分のための作品ばかりを踊っていたら、舞踊家が自らの可能性に気づく機会は限られてしまう。他者のために創られた作品を踊ることで、舞踊家が経験できることの豊かさは計り知れない。

そして私にとって新作とは、それまでの創作における試みで見出したことを踏まえた上で生まれるものである。しかし新しく来た若い舞踊家たちは、過去の作品を身体に通すことなく、新作だけを踊ることになる。そこには大きな隔たりがある。身体を通した実地経験を積み重ねることなくアイデアだけを受け取って踊られると、熟練の舞踊家との間に表現の齟齬が生まれてしまう。だから再演とは、佐和子を筆頭に長く在籍してきた舞踊家と新人の溝を埋める機会であり、私たちが経験してきたことを後輩たちに伝える機会でもあるのだ。それは言葉や技術指導を通してよりも、実演を通してこそなされるものだから。

思考の場としての劇場

二〇一一年一〇月に、様々な業種の専門家を招いて対談する企画「柳都会」をスタートさせた。新潟市内の他業種の方ともっと話をしたいと思っていた。かれらがNoismをどう思っているのか、それぞれの生業において新潟という街をどう捉えていて、Noismはそこでどんな存在になりうるかを考えたかった。第一回から一〇回までは新潟で活躍する企業の社長や学者の方を招いていたが、その後、県外からもゲストをお呼びするようになった。

回を重ねるうちに気づいたのは、これは私自身が何を考え、Noismに何を託しているかを直接伝えられる絶好の機会であるということだ。巷では噂や憶測が飛び交い、Noismや私に対するイメージが出来上がっていたため、私の想いや活動の詳細を直接聞いて驚かれる人が多かった。柳都会を通して市内でのNoismへの理解が深まり、応援してくれる人が増えたのは収穫だった。

柳都会には七〇〜一〇〇名ほどの新潟市民が来場する。中にはNoismの公演を観たことはないが、講演会やシンポジウムにはよく参加するという方もいて、柳都会で聞いた話に興味を惹かれて公演を観に来てくださるという循環も生まれた。

私は帰国当初から、この国の劇場文化の発展にはもっと「対話」が必要だと感じてきた。東京で踊っていた頃から、公演後には必ずアフタートークを開催し、観客の質問に直接答え、語りかける場を設けてきた。「見方がわからない」ことと「言語化の仕方がわからない」ことは、かなり密接に関係している。作者が「好きに観てください」と観客を突き放すのは簡単だ。私も若い頃はそうしてきた。だが、きちんと時間をとって質問に答えれば、「そういう意図だったのなら、こう受け取っていいんだな」と、観客に能動的に観てもらえるようになる。

柳都会はリハーサル時間の一部をあてて行っているので、メンバーも全員参加する。舞踊家たちにも、もっと自らの活動や舞踊の社会性を言語化し、市民と文化的なやりとりをしてほしいと思うからだ。向き不向きはあるし、舞踊家全員が言語達者であるべきだとは思わない。ただ、私たちはいま、日本の劇場文化の黎明期にいる。舞踊は、あくまでも好きな人が自己表現をするジャンルだと社会に思われている。だからこそ舞踊家はもっと言語を、自らの考えを持つべきだ。

欧州では、同じ作品を踊る舞踊家同士でも、作品について議論したり、聞かれれば自分の意見を表明するのが当たり前だ。観客と話をする際にも「今回の作品はどんな作品なのですか」と聞かれて「わからない」と答える者はいない。意見を表明しなければ、その場にいないのと同じ扱いを受ける。それは観客にも言えることで、ただ観て帰るのではなく、いま観たものについて観客同士で議論する土壌がある。

一方日本人には、感じたこと、考えたことがあっても、それを他者と共有しない傾向がある。教育や社会常識など、いろいろな要素が影響していると思うけれど、これだけグローバルに情報が行き交い、地方に住んでいても外国人と接する機会のある時代である。民族性だからと容易に片付けていては、日本人は国際社会でどんどん遅れをとってしまう。議論の機会や場を提供することも、劇場の存在意義の一つだと思う。

舞台芸術は、複数の人たちが同じ出来事を体験するものでありながら、解釈の多様性、感動の多様性を許容する。観劇とは極めて個人的な体験でもあるからだ。だからこそ、個人的な感想を抱いて終わりにするのではなく、同じ出来事から異なる感想を得た他者と対話すれば、新しい自分に出会うこと、気づくことができる。

そうした豊かな精神の交流を促すこと、それも劇場の社会的役割なのだと思う。

[Column]

《劇的舞踊「カルメン」》がもたらした出会い

Noism 一〇周年記念作品として発表した《劇的舞踊「カルメン」》は、劇的舞踊シリーズの第二作であり、初めて俳優の方に出演していただいた重要な作品である。

あるときカフェで数時間を潰さなくてはいけなくなり、持っていた『カルメン』を読むことにした。するとページをめくった途端、雷に打たれたように閃きが降りてきた。めくればめくるほど、頭の中に構想が湧いてくる。慌ててパソコンを開き、台本を打ち込み始めた。三時間後、用事を終えた佐和子が戻ってきたときには、ほぼ仕上がっていた。

こうして誕生した《劇的舞踊「カルメン」》は、私に記念碑的な出会いをもたらした。文芸評論家の三浦雅士[*1]さんとの出会いである。

三浦さんは、一九六〇年代末に青土社で雑誌「ユリイカ」の創刊に携わり、「現代思想」の編集長を務められたのち、舞踊に大変な興味を示され、九〇年代には月刊「ダンスマガジン」を立ち上げられた方である。

その三浦さんが、私の《カルメン》を観てくださったようで、ある日突然「あなたと話がしたい」と連絡をくださったのである。カフェで三時間は話しただろうか。ご自身とアングラ演劇との関係性、ニューヨークでダンスに惹かれて評論をされるようになった経緯……詩や音楽、思想哲学など、あらゆる文脈で舞踊を捉え、その圧倒的な知性で「金森穣」分析をしてゆく舌鋒に度肝を抜かれた。そしてその分析が私の興味や問題意識とあまりに重なっていることに、まるで自分自身と邂逅したような、運命的なものを感じた。

私は欧州から帰国後、六〇年代の日本のアングラ演劇に惹かれてきた。すでに触れた鈴木忠志さんのことは、この国で最も尊敬する演出家、心の師匠とまで仰ぐようになった。三浦さんと深い親交のあった寺山修司は、映像も著作も全集を持っているほど好きな作家だ。さらに三浦さんはベジャール・バレエ団が日本公演をし始めた頃からインタビューをされている。つまり三浦さんは、金森穣の来歴を最も理解し、その世界を誰よりも言語化できる人だったのである。

三浦さんは、「それまでは、金森穣をどう評価していいのかわからなかったが、《カルメン》を見て、これだ、と思った」とおっしゃった。評論家としては、作品に感動するだけでは足りない。自らの内で感動を言語化できる状態にならなければその作家には会うことができない。《カルメン》を観たとき初めて言語化できると感じたから、会って伝えなくてはと思ったのだ、と。

以来、新作を必ず観に来てくださり、使用楽曲から題材までを私よりも深くリサーチされ、膨大な知識を踏まえて論じてくださる。聞いていると、作家である私自身が「ああ、そういうことか」と、自らの発想の源流に気づくことが多いし、そこからさらなるインスピレーションを得ることもある。作家としてこれほどありがたいことはない。

このとき三浦さんにお出会いできたことは、日本における舞踊家・金森穣の歩みにとってかけがえのない出来事であり、三浦さんを感動させたい、三浦さんを驚かせたいと思うことは、私の創作の大きな原動力となっている。

【注】

＊1——三浦雅士（一九四六〜）編集者、文芸評論家、舞踏研究者。青土社創業とともに入社、「ユリイカ」

創刊に参画。「ユリイカ」「現代思想」編集長を歴任。日本の「ニューアカ」ブームの火付け役。退社後は文芸評論家として活動し、『メランコリーの水脈』でサントリー学芸賞を受賞。

12

暗いトンネルの先に

劇場に味方がいない

この一八年間で私は、九人の支配人の下で活動してきた。協力的な方もいれば、そうではない方もいた。事業課長もNoism担当の職員も同様だ。理解のある方、そうでない方、時間をかけて歩み寄ってくれる方、離れていってしまう方がいた。

劇場で働くすべての職員（市からの出向でない限り）の雇用主は財団である。それ自体は私を含むNoismメンバーも同じだけれど、私たちが業務委託契約であるのに対し、Noism担当の財団職員は雇用契約である。だから自らの昇進や財団内部での立場を考え、私の意見よりも財団の意見を聞く。それは当然のことだ。しかし支配人が承諾してくれたことを勝手に止めたり、私が「これを要請しておいてください」とお願いしたことを、ずっと放置したりするのはフェアではない。しかもスタジオにいる私は、そのことに気づけない。

あるとき、支配人が承諾してくれた人件費増の手続きを進めようとしていたら、「それは無理です」と突然言われることがあった。原因を追求したところ、その判断は事業課長によるものだった。たとえ支配人が協力的な方でも、課長がそうでなければ改善はされないのだ。

そういうことがあったため市長に相談しに行くと、今度は「舞踊部門の芸術監督が市長に直接相談するなど、越権行為だ」と騒がれてしまう。見かねた市長は、相談がしやすいようにと二〇一四年五月、「新潟市文化創造アドバイザー」という役職を委嘱してくださった。

こんなこともあった。ある女性メンバーが怪我によって舞踊家を引退すると決めた。その子に今後どうしたいのかと聞くと、「制作をやりたいから他県の劇場のスタッフ募集に応募してみる」という。「だったらNoismで制作をしてみないか」と声をかけた。

舞踊家として活動をしていれば怪我はつきものだし、舞踊団側がセカンドキャリアを想定し、選択肢として提示するのは当然のことだ。ましてNoismにはスタッフが足りない。内側の活動を理解している人材はそれだけで即戦力になる。早速担当者を通して財団に掛け合ってもらったが、一向に話が進まない。

仕方がないので、私自身が直接支配人にお願いしに行った。このときの支配人は非協力的で、「りゅーとぴあの立ち上げ時にはNoismなんていなかったのだから」が口癖の方だった。だから要求やお願いはあまりしたくなかったけれど、担当職員に任せられない以上、私が直接行くしかない。そこで必死に説得を試みる私に、支配人が笑みを浮かべながら放った一言が、いまも脳裏に焼きついている。

「あなた、その子となんかあるんですか？」。

すべてを投げ出したくなった。何を要求してもそう取られてしまうなら、もはや打つ手はない。打開策を共に考えてくれる劇場職員もいない。それでも、ここで諦めたらすべてが終わる。笑ってごまかす自分を嫌悪しながらも、説得を続けた。「人件費が膨らむわけでもないし、制作が必要なんです。彼女は必ずしっかり働いてくれます」。こうして許可を得た。

実際、その子は制作として着実に成長し、Noismの活動を支えてくれた。いまは他の劇場に移ってしまったけれど、制作を続けている。その支配人も、もういない。当時の担当職員もいない。私はまだここに残り、闘い続けている。

いまこうして記憶を遡るのも、正直シンドイ。過ぎた日々を、その苦悩を忘れることで、前を向き続けてきたから。それでもこうして振り返り文字として残すことで、未来のどこかで劇場文化に携わる誰かが、この本から少しでもアイデアや勇気を得られたら……それだけを願い、語り続けている。

最も苦しい時期

いま振り返ると、一二〜一三シーズン（二〇一五〜一七年）は、精神的に最も苦しい時期だった。劇場との関係は過去最悪だった。相談しに行っても「無理です」と言われるだけで話にならない。理由を尋ねても「理由なんてありませんよ、無理なんです。あなたとは話したくないんですよ」と言われてしまう。

劇場専属舞踊団としての環境改善が望めない以上、私にとって自分の存在意義をかけられるものは創作しかない。歯痒さや鬱屈した思いは、すべて作品創りに向かった。その結果、メンバーへの要求はどんどん厳しくなっていった。

本当ならここまでいける、見えている世界がすぐそこにある。これだけはやりたい、という私の要求に対して、佐和子を筆頭に、食らいついてきてくれる子たちは、もちろんいた。しかし、あの頃の私はとにかく苛立っていた。そうして発した言葉をいまでも覚えている。「おれはこの環境を、選ばれた一握りの、才能ある舞踊家のために必死で維持しているんだ。選ばれた人になりたいという志のないやつ、その才能のないやつは必要ない」。

言動が辛辣になるにつれて拒否感を示し、「もうやっていられない」という子が出てくるのも仕方のないことだった。クリエーションの途中、衣装もできた段階で、突然「辞めます」といなくなってしまった子もいた。

当時は人生で一番踊っていなかった。それでも振付をするときは自ら動いて見せるわけで、それが身体によくないことはわかっていた。私の場合、音楽の海に飛び込むような、身を投げ出すような感覚にならなければ振付が出てこないのだ。そして、ある日の振付でやってしまった。膝を痛めてしまったのである。

若い舞踊家たちには、私が実際にやって見せないと技術もニュアンスも伝わらない。「できません」で終わってしまうのだから、「こうやるんだよ」とやって見せる他ないのだ。かれらのできる範囲の振付にするわけにはいかないし、かれらを教え、育てていかなければ、いずれ舞踊団の質が落ちてしまう。スタジオの中でも外でもストレスが溜まっていき、辛辣な言動は増えていく。そしてある日、戦慄するほどに直感した。「あ、おれちょっとヤバいかも」と。

自己批判することなく、人のことばかり批判するようになると、人間はバランスを失う。舞踊家である私にとっては、自らが踊っていること、自分の身体と向き合うこと、これが自分への批判的な眼差しを獲得する最善の手段だ。それなのに、組織や事業や社会といった、自分一人ではどうすることもできないものと闘い続けているうちに、自分の身体と向き合う時間がとれなくなっていた。

しかし、舞踊団は集団活動だ。いくら自分と向き合っていても、集団で実践していれば若い子たちの言動が目につく。すると、「おれがここまでやっているのに、なぜお前はやらないんだ」というもどかしさに苛まれる。かれらを無視するわけでもなく、強制もせず、ただ黙々と自らと向き合い続けるには信念が必要で、その信念を抱き続けるには彼らの成長が不可欠で……堂々巡りのうちに、苛立ちだけが募っていく。自分でも自分が嫌になる。人を育てるというのは、つくづく難しいことだと思う。

Noism以外の活動

その後も膝の違和感は消えなかった。「なんかやったな」と思ったけれど、自ら踊るわけでもないので、そのうち治るだろうと放っておいた。それが仇となってリハビリに長い時間がかかることになるのだけれど、このときの私の心は、それほどに踊ることから離れていた。気がつけば、演劇コンクールで審査員をやったり、芸術祭のディレクターを務めたり、ダンスフェスティバルを立ち上げたり[*1]……と、実演以外の活動が増えていた。このままフワッと引退するのだろうな、とさえ思っていた。

すべてはNoismのためだった。演劇コンクールでは参加者に講評をしながら、その刃は演出家としての自分自身に向けられていたし、芸術祭では出展作品とコラボレーションしたNoismメンバー振付公演をプロデュースした。ダンスフェスティバルで韓国や中国の芸術監督と交流したことで、Noismは両国へのツアーを果たした。実演家としての時間を割いてはいたが、Noismのためという一心で取り組んでいたのだ。だからこそ、メンバーへの期待は募る一方だった。

佐和子には「過剰に期待するから傷つくんだよ」と諭されるけれど、舞踊家に期待をしなければ、作品を創ることなどできない。まして舞踊団を率いることなどできない。一人では決してたどり着けない高みを目指し、この集団となら世界と勝負できるという妄想を抱くことから、私の芸術活動は始まる。

だから要求は自然と高まっていく。要求しないということは、妥協することだ。自らの感性に嘘をつくことだ。どんなにまだ実力不相応だと思っていても、目の前にいる舞踊家を信じ、かれらとの夢を見続けてきた。それは一八年経ったいまでも変わらない。いまのメンバーと夢を見ているし、Noism はもっと飛躍できると信じている。

この時期唯一、自分の人生のためにした決断がある。それは子どもを持つという決断だ。佐和子と話し合い、子どもができてもいい状態にしていこうと決めた。プライベートの変化に逃げようとしていたわけではない。ただ、年齢的にも人生設計的にも、願うならいまだという時を迎えたのだ。ほどなく佐和子が妊娠した。すごくうれしかった。両家族が喜んでくれたのはもちろんだが、心底うれしそうだった両親の顔が忘れられない。

半年後に予定していた佐和子とのユニット（unit-Cyan）の公演をキャンセルし、出産に向けて準備を整えていこうとしていた矢先、その子は佐和子の身体から離れてしまった。私たちの絶望は容易に語れる類のものではないけれど、ただ一つ、この経験が私たちをさらに舞踊へと向かわせたことは確かだ。

私たちは互いに、舞踊こそが自らの宿命であると覚悟した。

現場からなら変えていける

二〇一七〜一八年頃は、「東京オリンピック２０２０」や文化庁の移転など、国の文化政策に大きな動きがある時期で、私もある部会の委員になり、霞ヶ関に足を運んでいた。しかし、あれから数年が経ったいま、すべてが不毛だったのではないかという気もしてくる。

その部会には、この国の芸術文化界隈から錚々たる人たちが集められていた。私は唯一の地方民だ。出席者の大半はこの手の会議には慣れているため、まずは文化官僚たちとの名刺交換から始まる。「あの会議ではどうも」という挨拶があちこちで交わされるのを横目に、なるほど、ここにも「村」ができているんだなと思った。

その後の発表も、アーティストとして自らがチャンスを摑むための事業プレゼンである。ようするに新しい制度、文化政策についての話がない。そしてかれらの話を聞いた文化官僚が、その中からどのようにアイデアを抽出し、文化政策に活かしていくのかが判然としない。

私も作ってきた資料をもとに、日本の劇場文化の現状と課題、その克服のため新しい制度、すなわち劇場専属集団の必要性をプレゼンしたが、それがまったく無意味であったことは、いまも変わらないこの国の劇場文化を見れば明らかだ。

それでもこうした部会への出席はよい勉強になった。この国の中心では、どのような人たちによって、どのような会議が行われているかを実体験できたのだから。それは私に自らの至らなさだけでなく、どんなに著名な芸術家や学者も、高級官僚も、自分一人でできることはほとんどなく、だからこそ徒党を組んで村化していくのだという、社会の真理を教えてくれた。

それはまた、私が日々格闘する地方自治体の文化政策がいかに小規模なものであり、それゆえに、私が巨大な壁だと思ってきたものが、実はイメージ可能なレベルのものであることも教えてくれた。目の前にいる相手と覚悟を持ってぶつかっていけば、自分の実力に応じて必ず道は拓ける。現場からなら、変えていける。

Noismが二〇二二年に享受し始めた新制度は、一地方の現場で一介の舞踊家が自治体の長や行政組織と直でやりとりできたからこそ、実現したものだ。結局はそのレベルからしか、変えることはできない。

東京で、各界の著名な方々、いわゆる先生方が集まるサロンに参加させていただいたこともある。他ジャンルの専門家が集まることで、それぞれの分野の課題を共有し、そこから新しい関係や事業が展開されることを期待してのものだったと思う。各分野が村化し、相互交流がないことで、この国の文化の不毛性が助長されていることには、私も同意する。しかし、皆さん東京の方々だ。結局そうした交流も、東京という大きな「村」の中でのことである。唯一地方から参加していた私は、帰りの列車に間に合わないからと先輩方に頭を下げて一人東京駅へ向かい、新潟へ帰る新幹線の中で虚しさを噛みしめた。

法律はできたけれど

民主党政権下では、平田オリザさんが内閣官房参与として尽力され、二〇一二年四月には劇場や音楽ホールの機能を活性化する「劇場、音楽堂等の活性化に関する法律」[*2]（通称：劇場法）が施行された。劇場法という法律ができたこと自体は一歩前進と言えるし、一地方劇場の専属舞踊団の芸術監督としては、これまでの戦いを続ける上で、この法律は一つの武器になる、と思った。しかし、それで何かが大きく変わったかといえば、決してそうではない。

問題は、できた法律を劇場関係者、すなわち劇場を運営する財団や行政組織がどう使うかだからである。法律というのは、制度化にあたって限りなく曖昧に、どうとでも解釈できるよう平たくされてしまうのが常だ。だから劇場運営にかかわる人々、決定権者が発展的に活用しなければ何の意味もない。どれだけ新しい法律ができても、何も変えるつもりのない人たちが活かすことは決してないのだ。

そして文化庁も地方文化創生本部を設置するなど「地方創生」を掲げているけれど、それは所詮は「中央から見た地方」にすぎない。東京の集団が地方ツアーをするための補助金は潤沢に出るが、地方の文化事業が国内を回るとか、東京で公演するための補助金はほとんどないのが現状だ。中央からではなく、地方主体で何かができるような補助金制度でない限り、地方が創生することはできないと思う。かつてのように、地方にただお金を配るだけというのに比べれば、まだいいのかもしれないけれど。

芸術団体と一口に言っても、事情はそれぞれ異なる。東京のような大都市で活動する集団と地方で活動する集団は、活動範囲、内容、地域文化とのつながりなど、すべてが違っている。そうしたことまで加味した補助金制度でない限り、国の税金の有効活用になるとは思えない。劇場に対する補助金制度も同じだ。専属集団を抱える劇場と、寄せ集めのプロデュース公演をする劇場が同じ補助対象、というのが未だ文化庁の認識なのだ。

「劇場文化一〇〇年構想」とは、こうした国家レベルの認識改革までを視野に入れた、タイムスパンの長い構想である。

Noismは新潟にいらない？

二〇一八年三月の新潟市議会で、ある議員がNoismの活動について「市税を使っている限り、市民からの評価がなければ継続は難しい」と発言したことが話題になった。

Noismが新潟市にいらないというのなら、それも仕方ない。しかし、この論争には論拠が見えなかった。この街における劇場の存在意義や税金の投じられ方に問題を提起する、あるいは劇場の音楽や演劇など、他の事業と総合的に問題視するならわかるけれど、なぜ一事業にすぎないNoismが取り上げられたのか、未だに判然としない。普段は劇場の一事業としてしか扱ってくれないのに、こういったときだけは市の文化政策として問題視される。まったくなあと思っていた。

しかしその後その議員が市長選に出馬、「Noismの是非」が争点となったのには驚いた。それまで議会で一度も話題にされてこなかったNoismが突如、市長選の争点の一つにまでなってしまったのである。

私としては、ついに議会で話題になったな、とは思ったが、結局深い議論にはならなかったし、何も変わらないだろうなと思っていた。ただその様子を見て初めて、「ああ、篠田さんがあえて議会で話題にしなかったのはこういうことだったのか」と感じた。本質的な議論にならず、変な取り上げ方だけされるのであれば、わざわざ議論してもらう必要はない。

実際には、この市長選以降、Noism の活動はマスコミにも頻繁に取り上げられるようになった。良くも悪くも新潟市の文化トピックになり始めたのだ。それは Noism の存在を、劇場に通ったことのない市民にも印象づけていった。

そしてそれは二〇二〇年の活動継続問題へと発展していく。

それでも日本を諦めないのは

否定されても、無視されても、私がこの闘いをやめないのは、負けず嫌いだからだけではない。本当にその実現を信じているからだ。「よくそれだけロマンチックに大きな物語を信じ続けられますね」としばしば言われる。あえて自己分析するならそこには、凋落し始めた日本を、私が実際に体験していないということが大きく影響しているのかもしれない。

私が渡欧したのは一九九二年である。九一年のバブル経済崩壊以降、失われた二〇年と言われる時代の始まりの一〇年間を、私はまるまる欧州で過ごした。阪神淡路大震災やオウム事件も直接知らない。ニュースでは見聞きしていたが、欧州で生きていくために必死だった私にとっては、どこか遠い世界のことだった。この国がようやく芸術監督制度を導入し始めた時期さえ、知らないのだ。

二〇〇二年、欧州コンテンポラリーバレエ界の錚々たるマスターたちから寵愛を受けて、持ち上げられた状態で帰国した私は、夢と希望に満ち溢れていた。この特異な来歴こそが、「未だにこの国に希望を捨てられない金森穣」を作っているのではないかと思う。せっかく芸術監督制度を導入したのに専属集団を置かない日本の劇場が理解できない。文化がただ消費され続けていることが腹立たしい。

何度も言うようだが、私は使える税金を増やせと言っているのではなく、使い方を変えようと言っているのだ。成長はできなくても成熟はできるはずだ、そう言っているのだ。やればできると本当に信じていたし、いまも信じている。

私のように時代が変わっても諦めきれずに闘い続けている人はいるし、闘っている私にシンパシーを寄せてくれる人もいる。もちろん、これ以上は無理だと思えば策は練るし、できるところは人に任せるなど、時代における自分の立ち位置はその都度見極めるつもりだ。それでも生きている限り、私がその志を諦めることはないと思う。この国に劇場がある限り。

二つの感慨――舞踊家復帰と佐和子の受賞

劇場との関係悪化や議会での批判、カンパニー内での苛立ちなど、暗闇を這うような数年を経て、光が見え始めたのは、二〇一八年春のことだった。

バレエ芸術を広く伝えることを目的に二〇一七年に始まったバレエ関連イベント「上野の森バレエホリデイ」[*3]の第二回にNoismが出演依頼をいただいた。

会場は、東京文化会館[*4]の小ホール。グランドピアノが一台置ける程度の小さな音楽ホールで、後にも先にも、あんなに狭いスペースで作品を発表したことはない。ここでイブニング作品をやるのか、と一瞬怯んだのだが、何しろ日本におけるバレエの殿堂、東京文化会館である。

東京文化会館は、日本のバレエファンにとっては特別な場所だ。ベジャール・バレエ団をはじめ、海外の有名バレエ団の来日公演、あるいは世界のトップダンサーが集う世界バレエフェスティバルの会場でもある。私にとっても、ルードラ在学中の一九九三年、夏休みに一時帰国した際にベジャールが三島由紀夫を題材に東京バレエ団に創作した作品「M」の初演を観た、特別思い入れのあるホールである。ベジャールさんへの感謝、その想いを形にするためにも、これは引き受けなくてはと心を決めた。

袖もないほど狭い舞台に鏡を張り巡らせるなど工夫を凝らし、二〇一八年四月、《Mirroring Memories それは尊き光のごとく》を発表した。これは Noism の一四年間で創ってきた作品の抜粋と、ベジャールさんへの想いから創作した私のソロで構成された作品だ。抜粋のオムニバスという手法はベジャールさんがよくやっていた手法だし、ソロに関しては一七歳のときにベジャールさんから学んだ踊り方、その記憶をたどりながら創ったから、この作品は私にとって二重の意味で原点回帰となった。

そしてこの公演で私は舞台に本格復帰する。

実演家への復帰は簡単ではなかった。前年にもう一度踊ろうと奮起し、踊り始めたのはよかったが、やはり膝が言うことを聞かない。半月板が欠けてしまっていたのだ。少しでも本気で踊ると膝に水が溜まり、腫れてしまう。その都度水を抜きに治療院に行って、ということを繰り返し、稽古を続けた。本番は膝をテーピングで圧縮して踊り切った。

気がつけば、Noism 設立から一五周年を迎えていた。バレエの恩師、牧阿佐美先生が花を送ってくださったのには驚いた。自ら何十年もバレエ団を率いてきた恩師から、「頑張ってるわね」と認めてもらえた気がしてうれしかった。Noism のこれまでのこと、実演家としての復帰、失った子どもへの夢……自分がその時期に抱えていたすべてをかけた舞台だったから、幕が下りたときの感慨はひとしおだった。

この年の七月に、佐和子が第三八回ニムラ舞踊賞を受賞した。舞踊家・井関佐和子としては初めての受賞であり、本当にうれしかった。

私にとって佐和子はかけがえのない舞踊家である。一八年間Noismに献身し続けている唯一の舞踊家であり、人生の伴侶でもあるから、当然といえばそうかもしれないけれど、彼女の才能はもっと評価されるべきだとずっと思っていた。

自分の踊りにプライドを持って向き合う舞踊家は多くいるし、振付をすばらしいレベルで実演してくる舞踊家はいる。けれど、ここまで私の芸術性に献身してくれる舞踊家を他に知らない。何より、作家である私を刺激して作品を閃かせ、その作品の持つ力を、作家の想像を超えて引き出してくれる舞踊家はそういない。そういう舞踊家のことをミューズと呼ぶのだとしたら、佐和子はまぎれもなく振付家・金森穣のミューズだ。

しかし作品が評価されると、どうしても受賞の対象は作家である私に向かいがちだ。そのことがずっと歯痒かった。なぜ選考委員たちは佐和子のすごさがわからないんだろう、良い作品は良い舞踊家から生まれるのに、と。だからようやく佐和子が得た賞は、私にとっても、とてもうれしいものだった。ましてや、子どものことも含め、彼女なりに向き合わなければならない試練が多かった中で得た賞である。同志として、心から喜び合った。

専属集団を維持する難しさ

《劇的舞踊「ROMEO & JULIETS」》（二〇一八年七月）には、静岡県舞台芸術センター（ＳＰＡＣ）から八人の俳優に参加してもらった。

これは、もともとは、劇場専属劇団であるＳＰＡＣと劇場専属舞踊団であるNoismという二つの集団で、モンターギュ家とキャピュレット家という作品中の二つの家の対立を表現しようという構想だった。両者の共同制作にすれば、製作費を折半することはもちろん、劇場専属集団同士という特性を作品の構造にも制作にも活かし、この国に劇場専属の力を見せつけられると思ったのだ。

しかしちょうどその頃、ＳＰＡＣの雇用形態が大きく変わってしまった。役者たちが給料制による劇場専属ではなくなり、プロジェクトごとの契約になったと聞き、愕然とした。

役者たちが給料制で雇われていれば、出演料が別途かかることはない。しかしそうでなくなった以上、製作費の中から役者たちに出演料を支払わなくてはならない。仕方がないので、作品の制作については共同制作として折半し、役者と舞踊家の出演料は別途計上することになった。折半であることは変わらないが、人件費がかかりすぎることで再演がほぼ不可能になってしまった。これはその劇場と芸術監督の方針なのだから、私がとやかく言えることではないが、当初の「専属集団同士」という志、その継続的関係が望めなくなったことは、非常に残念だった。

《ROMEO & JULIETS》は好評を博し、第六〇回毎日芸術賞を受賞した。メンバーと役者さんたちも打ち解けて、次の共演を切望していた。きっとNoismの挑戦を制度的にもリスペクトしてくれていたのだと思う。しかし打ち上げの席で、「この舞台が終わったらバイトしなきゃ」と言っているベテラン役者さんの横で、Noismの二〇代の舞踊家が「明日から夏休みです」と言っている。この現実にはなんとも言えない悔しさが込み上げた。これを変えるために、新潟で闘っているのに、と。

以来、役者とのコラボレーションは行っていない。金森穣としての「劇的舞踊」シリーズは、東京バレエ団の《かぐや姫》へと展開していく。

困難を経て、信念は揺るぎないものに

一四シーズンで最も大きかったのは、舞踊家として復帰したことだ。もう一度心身のバランスを取り戻すことができたからだ。メンバーたちとの関係が大きく変わったわけではないが、Noismへの取り組み方が変わったことは確かだ。

一実演家に戻ると、最後は一人になってもいいからやる、という覚悟が持てる。それまでメンバーや劇場など、どこか自分以外のものに依存していて、そのことで苦しくなっていたが、純粋に一人の舞踊家に戻ることで、精神的にはとても楽になった。どんなにメンバーが辞めていっても、新潟市から「Noismは要りません」と言われても、それなら自分一人でやるだけだ、金森穣という舞踊家としてまた別の活動場所を探せばいい、と思えるようになった。振り返れば欧州にいたときも、帰国したときも、何にも依存しないその強さが私をここまで連れてきていたのだ。

踊り続けるために、それまで以上に身体ケアをしなくてはならないし、行政との交渉やカンパニー運営と並行して舞踊家活動を続けるのはなかなか大変だが、それは所詮、自分のためだ。過度の期待や執着を手放すことができれば、他者とも、いまこのときの関係性に集中できるようになる。こうして次第に、「のちに振り返ったときに、長く一緒に闘ったな、と思えるメンバーが

いればいい」と思えるようになっていった。これまで直面した数々の困難も、そこで行ったあらゆる選択も、どれも自らを生かすためのものだったのだと思えた。

そのような心境で一四シーズンを終え、一五シーズンの市長交代に始まる激動期を迎えられたことは幸いだった。応援してくださっていた市長が退任され、Noismが存続の危機に立たされたときには、知人も友人も、応援してくれる方々も、皆心配してくれたけれど、私の心は平静だった。「なくなるなら、それも運命」と、心が揺らぐことはなかった。それほどまでに、できることはやった、自分のすべてを費やしてきたという実感が、私にはあったのである。

新潟にしがみつくのではなく、Noismにしがみつくのでもなく、新潟が、そしてNoismがまだ私を必要とするなら、それに答えるだけだ。そう思うようになっていた。

【注】

＊1――二〇一四年より新潟市文化創造アドバイザーとして、「水と土の芸術祭」パフォーミング・ディレクター、「新潟インターナショナルダンスフェスティバル（ＮＩＤＦ）」ディレクター（二〇一五、一七年）など新潟市内の文化事業にかかわる他、「利賀演劇人コンクール」の審査員も務めていた。

＊2――劇場、音楽堂等の活性化に関する法律（通称：劇場法）二〇一二年施行の法律。劇場、音楽堂等は、文化芸

術を継承、創造、発信する場であり、属性の差を超えて人々に感動と希望をもたらし、創造性を育む地域の文化拠点であるとともに、地域の発展を支える「新しい広場」、さらに国際社会の発展に寄与する「世界への窓」にもなり得る公共財であるとの認識を示した。また、社会全体が文化芸術の担い手であることを認識すること、劇場等の運営者と芸術家、国・地方公共団体、教育機関が相互に連携し、短絡的な経済効率性を求めず、長期的・継続的な施策が必要であることなどを示した。

＊3――上野の森バレエホリデイ　東京文化会館を舞台に、バレエに関する幅広いイベントを集中開催する催し。二〇一七年より毎年春に行われている。

＊4――東京文化会館　一九六一年開館、東京都台東区上野公園内にある都立のクラシック音楽のコンサートホール。前川國男設計。約二三〇〇席の大ホール、約六五〇席の小ホール、音楽資料室などを擁する。東京都交響楽団の本拠地でもある。

第Ⅲ部

13

活動継続の是非が問われて

「Noism存続問題」が市長選の争点に

二〇一八年の新潟市長選は、四期を務めた篠田昭市長が不出馬を表明されたことで、新人四人の候補者による戦いになった。各候補者への支持は割れており、蓋を開けてみるまでどうなるかわからなかった。

篠田前市長は元新聞記者で、文化への造詣も深く、専門家とのコミュニケーションも取れるオープンな方だったが、文化への支出が嵩んだとの報道もあり、財政を緊縮するにあたって何を切り詰めるかが市長選の最大の争点となった。篠田前市長が力を注いだ文化事業は槍玉にあげられ、中でもNoismが矢面に立たされることになった。

この「Noismは新潟市に必要か」を問う「Noism存続問題」は話題を呼び、連日メディアでも大きく報じられた。しかし考えてみると、Noismが篠田市政の負の遺産と捉えられたのはおかしな話だ。専属舞踊団を立ち上げたのは劇場を運営する財団であって、篠田前市長は就任直後に許可をしただけだったのだから。私を応援してくださっていたことで、篠田市長＝金森穣Noismというイメージが定着してしまったのだろう。

そして気づけば「金森穣への権力の集中」が問題の一つとして語られるようになった。実際に、設立の提案から、その製作体制、運営方針まで、ありとあらゆることを私が立案してきたのだから、権限が強かったことは否定しない。けれど私に言わせてもらえば、それは誰もやってくれないから一人でやってきたのであり、誰かの仕事を奪ったという意識はない。ただ否定されても諦めず、二、三年おきに代わる管理職の方々に対し、なんとか実現の方法を模索して訴え続けてきただけなのだ。

世間でのイメージはおそらく逆だっただろう。Noismが「特権」を得ているのは、金森穣の独断によると思っている人が多かったと思う。

しかし、いまでも私が決定権を持つのは、舞踊家を再契約するかオーディションで募集するかという舞踊団内部の人事権のみだ（それも二〇二二年の新体制以降は、各部門の芸術監督に任せている）。その他のことはすべて劇場にお伺いを立て、了承を得なければ進められない。契約スタッフの人事も同様だ。厳密には人事権もあるとは言えない。スタッフや舞踊家たちと契約するのは財団であり、断られたら私には何もできない。それでも権限が増大していると反発される。そう批判するのがわかりやすい方法なのだろう。

選挙の結果、新市長に選ばれた中原八一市長は、Noism存廃の意向を明確にはされず、有識者の意見を聞いた上で判断したいというスタンスだった。その後、二〇一九年までだった第五サークルの一年延長が決定され、一年かけてNoismの一五年間の活動を検証した上で、存廃を判断するということになった。

「いらない」と言われれば、去るまでだ

Noismの存続に関して私にできることは、もはや何もない。当時の私はそんな心境だった。もちろん、いろいろと考えたし思いも巡らせた。しかしここが分水嶺だとも思った。ようやくNoismが私の問題ではなく、新潟市の、劇場を運営する財団の問題になったのだから、彼らに委

ねるしかないし、それでなくなるのなら仕方ない……そんな気持ちでこの存続問題を俯瞰していた。そして、ふと気づいた。「あれ、おれって委嘱されて新潟にいるんだよね」と。

世間ではいつの間にか、金森穣が是が非でもNoismを続けたくて新潟市にしがみついている、それを新潟市がどうするか迷っている、という論調になっていたが、実際には逆だ。私は新潟市の劇場から依頼されたから移住を決断し、一五年もの間この劇場を拠点に活動をしてきたのである。その新潟市や劇場から「いらない」と言われれば、次の活動拠点を探すだけだ。それ以上でもそれ以下でもない。

存続が否定されても、私が舞踊活動をやめるわけではない。このときすでに四四歳。その年齢で海外の舞踊団に戻るという選択肢はないし、行きたい国もない。拠点を新潟にするのか他のところにするのかはわからないが、この国で舞踊家として活動していくことに変わりはない。

だからこそ、どんなに「Noism存続問題」がメディアを賑わせようと、私自身はいっさい動かなかった。友人・知人は皆「大丈夫か」と心配し、話すべき人を推薦してくれるなど、いろいろと動いてくれた。しかし、私が動き回ることで継続を勝ち得たとしたら、それこそ究極の金森穣依存である。私がいなくなればNoismは立ち行かなくなってしまう。行政に、財団に、あるいは有識者の方々に指摘されるまでもなく、私はNoism＝金森穣を私なりに脱しようとしてきた。

そうでなければ劇場文化一〇〇年構想など謳ったりしない。

それは大きな賭けではあった。新潟には、自分のキャリアにおいて最も活動的なはずの三〇～四〇代のすべてを捧げてきたのであり、これからまた新たな地で活動を始めるのは容易なことではないだろう。しかし私の人生、ここぞというときはいつもすべてを賭けて挑んできた。失敗もしたし、成功もした。そもそもNoism設立の訴えが賭けだったのだから、いまさら明日を賭けることに抵抗なんてない。

ちなみにこのときの支配人はNoismにとても好意的な方で、りゅーとぴあとして絶対にNoismを残さなくてはならないというスタンスでいてくださったので、本当にありがたかった。またしても私は人に救われたのだ。

これで終わりなら、むしろ挑戦したい

そうした騒動を尻目に、一五シーズンが始まった。

Noismがこのシーズンでなくなるかもしれないというときに、守りに入るのは嫌だった。そこで、二〇一九年冬には敢えて実験的な新作を発表した。

Noism 1のための新作《R.O.O.M.》では、スタジオ内に箱状の舞台を組み、箱の天井に穴を開けて、そこから舞踊家が降ってくるような形を作った。まるで化学の実験室で、フラスコの中に様々な要素を入れて反応を見るかのような演出で、新たな動きや構成、美の発見を目指したのである。

同時上演の《鏡の中の鏡》は、私と佐和子のデュオ作品である。プロフェッショナル選抜のNoism 0はまだ正式に立ち上げていなかったが、私も本格的に実演を再開し、佐和子も四〇代に入り、そろそろ1と一緒ではない、新しい集団の形を模索するべき時期に来ていた。これも、活動が継続するとしたら始めたいと思っていたNoismの新たな一歩だった。

我ながら、カンパニーが残り一年かもしれないというタイミングでわざわざ実験をしたり、新しいことを始めたりするのは不思議だなあと思う。しかし、最後だから終わりに向かうという気にはどうしてもなれない。どうせ終わるのなら、次のはじまりへの一歩を記しておきたい。そう強く思うのだ。

夏には、《Mirroring Memories》の再演とともに、新作《Fratres I》を発表した。これは「実験舞踊」とは別の意味でのNoismらしさを最大限表現した作品だ。Fratresとは兄弟、同士を意味する言葉だ。全員が最初から最後まで同じ動きをするという、集団として日々トレーニングを積んでいなければ決して表現できない美を目指すNoismによる、息を呑むほどの壮大な群舞だ。

作家としてはいつもこれで最後かもしれない、と思いながら作品を創っているが、Noismという新潟の舞踊団として、これは本当に最後の公演となる可能性があった。日本で唯一の劇場専属舞踊団として、集団活動を続けてきたことの意義が誰の目にもわかるような作品を上演したかった。観客の皆さんもその思いを感じてくださったのだと思う。カーテンコールで立ち上がる皆さんを見て、これまでの道のりに悔いはないと感じた。

Noism検証会議

二〇一九年六月、延長期限まで一年余りとなったタイミングで、中原市長が「これまでの実績に基づき総括し、八月末までに総合的に判断する」と明言した。

総括と検証にはかなりの時間がかかった。「あいちトリエンナーレ2019」[*1]の「表現の不自由展」をめぐって公的機関による芸術表現への関与問題が取り沙汰された時期にも重なったので、アームズ・レングスの原則[*2]なども考慮しながら、慎重に進めていたのかもしれない。

市長も行政も、大変だったとは思う。緊縮財政が求められている中だ。いっそのことNoism

はやめて予算を削減するのがシンプルな解決方法だっただろう。しかし実際には、Noismは単なる劇場の一事業にすぎず、特別枠として予算を割いているわけでもなかった。

Noismの運営予算は当時（二〇一八年度）、市の補助金（三四パーセント）、公演収入（三六・六パーセント）、そして新潟市外からの助成、補助（二九・三パーセント）で、市の補助金としては年間約五〇〇〇万円が充てられていた。そこに「財政難の中、そんなものに税金を費やしていいのか」という声が出たわけだ。しかしその五〇〇〇万円を他の何かに使うとか、そもそもりゅーとぴあへの五〇〇〇万円の補助金をなくすといった議論は出ていない。つまり、反対派の人たちの目的は金森穣Noismを辞めさせて、その予算を自分たちの望む事業に使うことにあり、緊縮財政は名目にすぎなかったのだ。

六月から七月にかけて、市内の文化人、大学教授、劇場設計と運営管理の専門家などの有識者で構成される「劇場専属舞踊団検証会議」が開かれ、二回目には私も呼ばれてNoismについてのプレゼンテーションを行った。

Noismサイドから検証会議に出席したのは私一人だ。テレビカメラが居並ぶ中、「これほどNoismが注目されたことはないなあ」と思いながら、会議室に入っていく。検証委員として座っていた有識者には見たことのある顔もあったし、知らない人もいた。傍聴席にはこちらを睨んでいる見知った人もいた。まるで被告人のような気分だった。市の職員や劇場職員でもなく、非正規雇用の芸術監督の私が、劇場専属舞踊団とは何であり、何を志して、これまでどんなことをしてきて、続ける意義がどこにあるのかを改めて説明した。

一六年間言い続けて来たことをまだ私一人が訴えている現状、それこそがすべてを物語っていた。一六年が経っても、誰もなぜ「Noism存続問題」が勃発したのかを説明できないし、誰も「Noismが何か」さえ語ることができないという状態になっていた。私という個人にすべてを依存していながら、「金森穣一人に権力が集中している」と批判されている現状。私に責任がないとは言わない。しかしここまで放ったらかされながらも成果を出してきた身としては、労いこそ受けても、一身に批判を浴びる理由がわからなかった。

それでも検証会議で、自らの口で一六年間どんな思いで何をやってきたかを話せたのは、よかったと思う。私の知らないところで、様々な思惑によって人々が発言し、解釈し、存廃が決定されるよりは、自分の言葉で直接伝えられてスッキリした。あとは有識者たちの意見を受けて、行政がどう判断するかである。

誤解が解けるとき

存続問題で周囲が揺れていたこの頃、新潟市洋舞踊協会からの依頼を受けて、子どもたちのために振付をした。

それまで私は、子どもたちに作品を創ったことがなかった。三〇代までの私は子どもに舞踊を教えることにもまったく興味がなかった。所属している後輩たちを教えるのでさえこれだけ苦労しているのに、未熟すぎる子どもたちを相手に、何を教えればいいのかわからない。

正直言って、子どもも苦手だった。しかし四〇代に入り、親戚など身の回りに子どもが増えてくるにつれて、徐々に意識が変わってきた。自分が子どもを持とうとしたことも大きく影響していると思う。また、これからの舞踊のことを考えると、次世代の育成は重要な課題だとの認識も深まっている。Noism のような劇場専属舞踊団が存続していくためにも、次の世代を育てていかなくてはならない。

そうしたときに依頼をいただき、新潟の子どもたちのために創ることに興味を抱いた。劇場専属舞踊団がある新潟市だからできることとして「Noism と洋舞踊協会のコラボレーションも面白いかもしれない」とも思った。

作品の上演は二〇二〇年一〇月だったから、存廃問題のときに行政から取り沙汰された「地域貢献が足りない」ことへの対策としてやったのだろうと一般的には思われているが、真相は違う。依頼はそれよりも前だったし、クリエイターとして子どもにアンテナが向き始めたから引き受けた仕事だ。実際、その作品《畦道にて—八つの小品》のすべての小品は、音楽を聴いていて純粋に閃いた構想であって、貢献とか、妥協なんかでは決してない。中でも佐和子と七歳の女の子によるデュオは、いつか必ず再演したいと思っているほどの出来だった。

設立当初の対立以降、距離を置いていた洋舞踊協会にはいろいろと誤解されていたようだった。作品のクリエーションを通して交流が始まると、子どもたちの眼差しと姿勢はもちろん、先生方のそれらもみるみる変わっていった。公演も好評だった。普段我が子や親戚の発表会ぐらいしか舞踊を観ない市民の方々が、この機会に初めてNoismを観て、金森作品に触れて、喜んでくださった。

そうして地元の人々の認識が変化してくると、反対派の人たちが作りたい「敵としての金森穣Noism」のイメージも変化していった。またしても物事のタイミングが嚙み合ったのだ。私はつくづく運がいいのだなあと思う。

結局、約束の期日から一か月が過ぎた二〇一九年九月末、新潟市は条件つきでのNoism第六期（二〇一九年九月〜二二年八月）の活動更新を決定、発表した。

問題がようやく認識された

八月末に発表された検証結果とその議事録には、活動継続の条件として、①より地域に目を向け、市民向けワークショップを充実させるなど市民・地域への貢献を増やすこと、②国内の他館との信頼関係を築き、ネットワークを拡大すること、そして③スタッフの労務管理に配慮すること、の三つが記されている。指摘は予想の範囲内にとどまり、新しい視点は特になかった。これらの項目に取り組む場合、二〇二二年八月まで活動が延長される。また、シーズン終了後には、取り組み度合いが有識者会議で議論され、評価書にまとめられるという。

ただ、ワークショップを増やすといっても、具体的に年何回という基準が設けられたわけではなく、国内他館との連携の拡大といっても、それは劇場同士の関係であって、一事業にすぎないNoismにできることは限られていた。スタッフの労務管理にしても、Noismの契約スタッフの雇用主は財団だ。それに財団職員や市の職員とは雇用形態も違う。だから設立以来、なんとかスタッフを財団職員にしてもらえないか訴えてきたのだが、実現はしなかった。

そもそも、行政は具体的なところまで踏み込むつもりはない。というか踏み込めないのだと思う。なぜなら劇場を指定管理するのは財団だからだ。財団としても、本当にスタッフの労働環境を改善しようと思えば、雇用形態の見直し、あるいは人員増に伴う予算の増額が必要になる。しかし市からの補助金が減る一方である中、そんなことはできない。誰も抜本的な改革をしようなどとは思っていないのだ。

だからこそNoismにとってはもちろん、財団にとっても頭の痛い問題となったわけだが、市からこういった改善が促されたことには大きな意義がある。Noismという事業、そのために働く人々、その業務内容までの責任を、財団が明確に意識し始めたからだ。この時期は財団との関係がとても良好だったから、支配人はじめ劇場職員たちに励まされながら、できることを一つずつこなしていこう、それしかない、と思った。こんな渦中にあっても公演は続いていくのだから。

もう一つ大きかったのは、行政の問題意識の欠如が有識者会議で取り沙汰されたことだった。新潟市文化政策課が出した「りゅーとぴあレジデンシャルカンパニーの今後の活動方針（案）」には、「レジデンシャル活動が、公共ホールに求められる役割を果たしているか、外部評価を含め毎年度成果を検証し、改善に取り組む」と明記されていた。[*3] 劇場や行政がそこまで何も把握していないのは問題ではないか、金森穣に権力が集中する構造をなぜ放置しているのかなど、当たり前の指摘がこのとき初めて言語化されたのである。

例えるなら、借りている部屋の天井に穴が開いていて、「直したいけど直す権限がないしな。家主に頼んでも聞いてくれない、困ったな」と思いながら、あの手この手で穴を押さえながら住んでいたら、あるとき突然第三者の点検業者がやって来て「あそこ穴空いてますけど、なぜ直さないんですか?」と家主に直接指摘した、という感じだった。

前提の違いが生んだ溝

そもそもこの問題は、管理運営という存在理念しか持たない劇場に、その制度自体を改革して専属活動を行い、作品を創作・発信するというまったく異なる理念を持つ人間を呼んでしまったことに始まっている。もちろん、そういう人を呼んで改革しようと劇場側が思ったことに端を発しているわけだが、彼らが考えていたのは単なる自主創造型劇場止まりであり、専属集団を抱えるまでの飛躍は想定していなかった。

しかし始まりがどうであれ、一六年も置いた以上、活動を通して理念を共有し、ともに改革していこうとする職員が育っていれば、ここまで問題にはならなかったはずだ。否、職員は異動するのだから、その意識が財団全体に育っていれば問題はなかったはずだ。しかしそうはならなかった。状況の改善を目指して自ら動いてみようという意識を持ったり、そのことにやりがいを見出したりするのは、やはり難しいことなのだ。給料にも待遇にも影響しないのなら、できるだけ問題を起こさずに現状を維持したいというのが普通の感覚だろう。

私自身は、背景も認識も異なる彼らにもNoismがやろうとしていること、専属舞踊団の意義をわかってもらえるようにと、自分なりに劇場の成り立ちや新潟の歴史、行政の文化政策を勉強し、彼らの言葉を使って理論的に伝えてきたつもりだった。それも担当者が変わるごとに。しかし、そのせいでかえって「しつこくて面倒臭い人」と思われたことも事実だろう。

ようやく新潟の舞踊団になった

晴れて活動が許された第一六シーズンからNoism 0をプロジェクトではなくて恒常的なカンパニーにした。[*4] そしてNoismの正式名称も「Noism Company Niigata」に変更した。Niigataを入れたのは言うまでもなく、Noismは金森舞踊団ではなく新潟の舞踊団であることを、国内外に発信するためだ。

Noismの正式名称はそれまでずっと、りゅーとぴあ劇場に滞在しているダンスカンパニーを意味する「Ryutopia Residencial Dance Company Noism」だった。レジデンシャル（滞在型）とつくと、Noismというカンパニーが独立して存在し、劇場内部の舞踊団でないという意味になってしまうのだが、それでも「劇場専属舞踊団」を謳って活動し続けてきた。この齟齬、矛盾が一六年の闘いそのものだったことを考えると、やはり「名は体を表す」のだなあと思う。そしてそうであるなら、ここからようやくNoismは、新潟の舞踊団になるのだと信じている。

【注】

＊1——あいちトリエンナーレ2019　二〇一〇年より三年ごとに愛知県で開催されている国際芸術祭の四回目。ジャーナリストでメディア・アクティヴィストの津田大介氏を芸術監督に迎え、「情の時代」をテーマに開幕したが、その三日後、展覧会内展覧会「表現の不自由展・その後」が組織的抗議や脅迫を受けて中止され、社会問題となった。

＊2——アームズ・レングスの原則　利害関係のありうる当事者同士が、一定の距離を保つことを腕の長さになぞらえ、複数の当事者が利害不一致や対立の可能性を保ちつつ、互いに独立の立場で相手を支配・利用しないようにすること。

＊3——https://www.city.niigata.lg.jp/kanko/bunka/shinko/bunkagyousei/buyodankensyo.files/katsudouhoushin.pdf

＊4——https://noism.jp/wp2015/wp-content/uploads/7c2641facec4784111ae139cfbb9548c.pdf

14

コロナ禍の収穫

こうしてなんとか二年間の活動継続が叶い、ホッとしたのも束の間、新型コロナウイルスが世界で猛威を奮い始めた。なぜいまこんなことが起きるのだ、と一度は落ち込んだけれど、蓋を開けてみると、コロナ禍によってNoismは自らが劇場専属舞踊団所属であることの強みを最も実感することになった。

劇場専属舞踊団の強み

感染が拡大し始めた二〇二〇年四月以降、すべての正規公演やワークショップ、オープンクラス等の活動は中止となった。その一方で、Noism の場合、観客数を極力絞ったプレビュー公演という形での公演はできたし、劇場のスタジオでの稽古やクリエーションは変わらず行うことができた。四月に一度だけ、新潟県に緊急事態宣言が発令されたときには劇場に入れなかったけれど、それ以外の期間は集まって活動できたのである。何より毎月給料が出て、生活は保証されていた。

東京で活動する舞踊家たちは通常、バイト収入と公演出演料で生活をしている。出演料とは公演後に初めてもらえるものであり、いくらリハーサルをしても賃金は支払われない。二、三か月もの間稽古をしてきても、本番が中止になれば、収入はゼロだ。みんな本当に大変だったと思うし、困難はいまも続いているはずだ。

教室で教えている舞踊家たちも、クラスが閉鎖になれば収入は絶たれる。人によってはオンラインで教えを続けていただろうが、それはクラスの参加者をつなぎ止める効果はあっても、大した収入にはならなかっただろう。

実はちょうど二〇二〇年の一月から二月にかけて行ったカンパニー内の契約トークで、外国人をはじめとするメンバーの多くが退団を申し出ていた。外国人メンバーにとって、Noism に所属することは、日本に住んで給料を得て踊ってみるという、どこか興味本位なものになりがちだ。

舞踊家の人生は短いのだから、自らのキャリアを有意義にしたいと思うのは当然だ。しかし、

Noismはこの国唯一の劇場専属舞踊団だ。私は全メンバーに対して、この国を一緒に変える同志として向き合っている。国籍がどこであれ、どんな来歴であれ、Noismメンバーとしての自覚と姿勢を求める。しかし「この国を変える」という発想自体が、かれらには信じられない、というか想像もできないのだろう。日本人ですらそうなのだから。

そこにパンデミックが発生したのである。

退団を申し出ていたメンバーは、皆浮かない顔をしている。さすがに非常事態だ。念のため再度面談を行うことにした。「いま本国に帰ってもオーディションはないだろうし、東京でも公演は軒並み中止になっている。それでもNoismを辞めたいのか」と聞いた。本人がそれでも辞めたいと言えば止めるつもりはなかったのだが、案の定、「残れるのならもう一年残りたいです」と言う。こうしてなんと全員が残留することになった。

メンバーの入れ代わりに対する私の姿勢は一八年間一貫している。「去るものは追わない。来るならNoismメンバーであれ」である。引き留められたから残るという程度の覚悟や、一年のプロジェクト感覚で参加できるほど、Noismは甘くない。参加すると決めたなら、長い道のりを想定した訓練に励むことはもちろん、Noismの規律の遵守や、メンバーとしての振る舞いを求める。これはシンプルかつ不変の活動指針だ。

観客がいなくても、創る衝動は変わらない

公演が実施できるかどうかが未定でも、当然作品は創っていた。

舞踊家たちに稽古だけをさせておくわけにはいかないし、創りたいものは山ほどあるのだ。いつもは限られた時間の中でどれを創るか選んでいるだけで、作品のアイデアが枯渇したことはない。そして作家としては、観客がいるかどうかは、実はあまり関係がない。私が勝負しているのは目の前にはいない偉大な芸術家たちであり、自らのクリエイティビティだからである。もちろん、その成果としての作品によって観客を感動させたいとは思う。けれど、作品が発表できるかどうかは二の次なのだ。

ルードラ時代から、春休みなどで学校が休みでも、街に残っている学生たちに声をかけて振付をしていた。せっかく創ったからと学校長に見せたら気に入られて、学校公演で上演の機会をくれたりしたが、それを目論んで創ったわけではない。音楽を聴いていると、見えるのだ。見えたら創りたい衝動が抑えきれなくなる。それはほとんど生理的欲求に近い。

それはコロナ禍でも同じだった。コロナという現象が芸術家としての私の内なる問い、人間と

は何かという問いに影響を与えたことは確かだが、創るという衝動そのものは変わらない。稽古を続けることだって変わらない。

　人は危機に瀕したときにこそ、自分にとって大事なものが何であるかに気づく。あるいは問われるのだと思う。「そこまで大変ならやらない」と思うのか、「どれほど大変でもやらなければ」と思うのか。自らが存在する意味、生きる意味として舞踊を続けるのかどうか。それをコロナは多くの舞踊関係者に問いかけたと思う。

　緊急事態宣言下の自宅待機中には、新たな作品の構想も浮かんだ。メンバー各自に担当楽器を与え、各自が自宅で踊る映像をリモート会議のように一画面で映し出す。その集合が時間と空間を超えた共演としてのオーケストラになる。使用楽曲をモーリス・ラヴェルの「ボレロ」に定め、コロナが一段落した夏、新潟市内の家具販売会社S．H．Sの協力を得て、映像を撮影した。それが《映像舞踊「BOLERO 2020」》[*1]である。

　いまはもうほとんどのメンバーがいない。それでも作品を創作した記憶は残っている、この身体に、そして彼らの身体に。作品は永遠に、創作に立ち会った舞踊家と紐づけられていく。たとえ作品だけが残って再演が繰り返されても、オリジナルキャストは永遠なのだ。それほど創作とはかけがえのないものだと思う。

舞台芸術家に必要な環境とは

日本の公立劇場の予算は、基本的に維持管理のためのものだ。創造型の劇場では事業予算もある程度持っているし、それを元手に文化庁からの助成金を得て公演を行っている。公演が行われなければ、その予算は返納するだけで、チケット収入がないと立ち行かなくなるというものではない。つまり運営をチケット収入に依存していないのである。逆に民間ではチケット収入に依存しているから、チケット代は高くなるし、公演ができないとなれば創作は中止になる。

Noism の公演にかかる費用も自主財源を元にした文化庁の助成金頼みだ。だから公演がなければ助成金は入らないものの、外注費もかからないので、大きな被害はない。Noism がいつも外注している民間の舞台制作会社の人たちは大変だと言っていたけれど、彼らのためにも、プレビュー公演をできたのは幸いだった。

劇場で働く財団職員や市の職員ら公務員の給料は、コロナでどんなに仕事が減ろうと変わらない。もちろん仕事が増えても収入は変わらない。そういう前提で動いている以上、Noism が「もっと海外ツアーをしたい」とか「もっと劇場スタッフで公演ができるようにしたい」と言えば疎まれるのは当然だ。問題は劇場の存在意義、運営理念にあるのだ。私がヨーテボリで経験したような、保障と安泰が挑戦や飛躍を阻んでしまうというジレンマ。このバランスは、どの国であれ税金で運営される劇場文化における創造活動の命題だろう。

とにかく、Noismがコロナ禍で被った被害は最小限だった。もちろんこんなことが起こるとは想像もしていなかったが、怪我を含めた不測の事態にも生活が保障される枠組みは、絶対に必要だと思っていた。

一度失うと取り戻すのに三倍は時間がかかるとされる身体の質と向き合う芸術家が、その質を維持するためには、どんな環境が必要なのか。コロナ禍は、その問いを広く舞台芸術界全体に投げかけたと思うし、その問いへの答えが真剣に検討されてほしいと思う。コロナ禍が与えた被害の深刻さは、いま目に見えているレベルのものでは決してなく、今後数年にわたって顕在化してくるものなのだから。

「創る」に集中できるよろこび

収束の見えないコロナ禍の中、第一七シーズンが始まった。

最初に発表した《残影の庭》は、ロームシアター京都からの委嘱によって創作した作品だ。依頼されたのは、雅楽（伶楽舎）とのコラボレーションだった。

予算の関係で大所帯での参加は難しそうだったが、立ち上げたばかりのNoism 0なら参加できる。私と佐和子、そして勇気の三人で構成されるNoism 0は、身軽な体制で外部プロジェクトに参加できるようにと目論んだカンパニーでもあり、こうした企画にはぴったりだった。あらゆる状況下で目先のことにとらわれず、常に先を見据えていたおかげで訪れた機会だった。

雅楽での創作は人生初でとても刺激的だった。指揮者のいない邦楽独特の緊張感、千数百年の歴史を持つ笙《しょう》の音色には、悠久なる時、継承されてきた文化の道のりを感じる。踊っていると、拍子に合わせるというよりも、揺らぐ空間に身を任せるような感覚があり、西洋の身体感覚が能動的／主体的であるのに対し、東洋のそれは受動的／客体的であるということを、理屈ではなく体感させてくれた。

同時に刺激的だったのは、佐和子と勇気という信頼できる円熟した舞踊家とスタジオに入り、教えるのではなく創ることに集中できることだった。そのありがたみ、Noism 0のクリエイティビティの質の高さを実感した。

通常、Noism 1やNoism 2との創作の場合、振付を生み出すことよりも、それを実践するための身体の使い方を教えるほうに、膨大な時間と熱量が必要になる。その繰り返しが、設立からいままでのクリエーションだった。Noism における私の創作活動は常に、芸術活動であると同時に教育活動でもあったのだ。

だから育てた舞踊家が去っていくとき感じるのは、「傷ついた」というような感傷よりも、高いクリエイティビティの実現がまた遠のいてしまうことに対する、徒労感だ。それはどんな振付家でも同じだと思う。たとえ巨匠と呼ばれ、世界から優れた舞踊家が集まってくるようになった人でも、自らの引退まで活動を共にする舞踊家は一握りしかいない。

そしてどんなに優れた舞踊家に対してであれ、自らの芸術性、芸術家としての現在地を伝え、それを共有して創作するとき、そこには必ず教育の側面がある。ただし、この場合の「教育」とは振付家と舞踊家が相互に与え合うものであって、一方通行のものではない。

この相互作用の実現には、お互いが経験／能力／教養を有している必要がある。何よりそこには愛が必要だ。恩師ベジャールは常に「創作とは愛だ」と言っていた。舞踊家は愛する振付家を探し、振付家は愛する舞踊家との出会いを夢見る。そしてその愛は、愛憎入り乱れるほどに成熟し、唯一無二のものとなっていく。

【注】

＊1――Noism初、映像のための舞踊作品《映像舞踊「BOLERO 2020」改訂版》は、以下のサイトより視聴できる。
https://filmuy.com/noism/video/542447026

［Column］

舞踊家の生き様を写しとる

写真家の篠山紀信[*1]さんは、Noism設立前から私の舞台を撮影し続けてくれている。始まりは二〇〇三年、篠山さんが私の知人であるバレリーナの写真集を出版したときのことだ。そのバレリーナが「穣さんの振付を踊っているところを撮ってほしい」と依頼したことから、私は撮影現場に呼ばれ、篠山さんと初めてお会いすることになった。

彼女に振付している最中、気づくとカメラがこちらを向いている。私はカメラを向けられることが苦手なので、普段なら振付に集中できなくなるところだが、なぜか気にならない。それどころか乗せられている自分に気づいて驚いた。数日後、写真をチェックするために篠山さんの事務所を訪れ、そこで再び驚いた。そこには全く自然に、振付に没頭している私の姿があったのだ。

その後、篠山さんは私の公演を観に来てくださり「あなた面白いから撮らせなさい」とおっしゃった。撮影料をそんなにお支払いできないからと断ろうとしたが、「そんなのはいいから」とおっしゃる。それならと甘えさせていただくことになった。Noism 設立第一作の《SHIKAKU》から一八年もの間、新作公演のたびに新潟に撮りにきてくださっている。

二〇一四年にはカンパニーの一〇周年を記念して写真集『JO KANAMORI/NOISM by KISHIN』（ピエインターナショナル）を刊行してくださった。記憶にしか残らない舞台芸術に生きるものとして、これほどありがたいことはない。Noism の一〇年は確かに存在したのだということを、記録映像としてではなく、記憶作品として残せるのだから。

篠山さんは「いいと思った瞬間をライブで捉えたいから」と下見はせず、いつも一発勝負で撮影に挑む。舞台に上がって撮影をするから、舞踊家の動きの邪魔になっては困るけれど篠山さんは、まるで出演者かと思うほど、時には演出家としての私の意図を瞬間的に理解しているかのように舞台を移動し、すばらしい写真を撮ってくださる。本当にすごいことだと思う。デビュー作と言われるブラジルのサンバを激写した写真集『オレレ・オラララ』（集英社）を見て、篠山さんの原点に納得した。

原点といえば篠山さんも、鈴木忠志さんや三浦雅士さんと同年代であり、かの六〇年代を激写してこられた方だ。私にとってこのお三方は、憧れの時代を生きた巨匠であると同時に、私の芸術活動に対して（私が素直に聞ける）苦言を呈し、激励してくださる数少ない大先輩だ。そのような方々の存在が、その闘う背中が、この国で孤独な道を歩む私にどれほど勇気を与えてくれていることか。その背中が見えなくなる前に、少しでも近づきたい、少しでも認めていただきたい、そう願う気持ちがどれほど活動の原動力となってきたことか。つくづく私は人との出会いに恵まれてきたと思う。

一八年間私を、そして私の作品を撮り続けてくださっている篠山さんは、入れ代わる仲間、芸術監督としての葛藤、そして振付家としての変遷や実演家としての現在など、Noism金森穣を最もよく知る人の一人だ。撮られた写真の中には、私も知らない金森穣が、ある時代を生きた日本人舞踊家の生き様が写しとられている。

【注】

＊1――篠山紀信（一九四〇～）写真家。ライトパブリシティに入社、広告写真で頭角を表した後独立。ポートレートやヌードなど、確かな技術と構成力で新たな問題意識溢れる写真作品を提示し続けている。日本写真協会年度賞、芸術選奨文部大臣新人賞、講談社出版文化賞、毎日芸術賞、国際写真フェスティバル金賞、2020年菊池寛賞など受賞歴多数。

15

文化政策としての Noism 誕生

二〇二一年の初めに第一六シーズンの活動についての評価書が公表され、Noism の活動はその要求水準に達したと評価された。[*1]

舞踊団の活動を行政が評価する場合、どうしても「数」を見ることになる。「地域貢献」なら、市民向けワークショップの開催回数と新潟公演の数、そしてその集客人数が判断材料だ。しかし、第三者が「ワークショップは年間△回が妥当」といった基準を作ったわけではない。初期設定をするのはあくまでも財団である。

最初に無理な数を設定すると、実現できなかった場合には評価が下がってしまう。かといって現状よりは増やさなくてはいけない。幸い Noism には一七年間の活動実績があるから、年間でこれくらいなら実施できるという目安を財団と共有し、初期設定をした。課長と一緒に設定を考え、その実現に向けて財団が協力してくれる——数年前には想像もできなかった状況だ。

その一方で、公表前の評価書について意見を求められたのには戸惑った。議論の結果、市と財団がNoismを評価すると決めた以上、評価される立場にある私が公表前に意見するのはおかしいと思った。もちろん、評価基準自体の妥当性など、言いたいことはいくつもある。けれどそれはあくまでも行政と財団が考え、定めるべきものだ。そう感じて、「せっかく新しい枠組みを作ったのだから、評価はそちらでやってください」と伝えた。

前を向いて進むとは決めたが、この頃から私は自分に言い聞かせ始めていた。あくせくするな、動じるな、自分の役割に徹するんだ、と。もちろん、そう思えたのは、協力的な人事体制があったからだ。しかしたとえそうでなくても、きっと私は任せたと思う。これ以上私が孤軍奮闘したところでNoismに未来はないと、誰よりも理解していたから。

受賞（章）

三月には佐和子が第七一回芸術選奨文部科学大臣賞（舞踊部門）を受賞した。三年前に受賞したニムラ舞踊賞が舞踊界に特化した賞であるのに対し、文部科学大臣賞はさらに広く世間に認知される賞だ。佐和子の両親や故郷の皆さんも喜んでくださって、心からうれしかった。うれしかったというよりも、私にしては珍しく、何かを達成した気になった。それはNoismから国を代表する舞踊家を輩出できたことによる達成感に他ならない。

受賞を内々に知らされたのは年明け。三月末の情報解禁までは言いたくて仕方がなかった。それほどうれしかったし、誇らしかった。

そのまさに情報解禁の日、課長から一通のメールが届いた。「金森さん！　紫綬褒章を受章しました！」。佐和子のことで有頂天だったから、「あ、はい」と答えるのが精一杯で、まったく反応できなかったが、後になって事の大きさが身に染みてきた。それは他でもない、いまこのときに受章したという巡り合わせへの感慨だった。

活動検証期間の最中に二人して国から表彰されるとは、誰が想像できただろう。各賞（章）の選考委員の方々が、Noismの現状を憂いてくださったのだろうか……そんなことを考えるほどにタイミングが絶妙だった。推測にすぎないけれど、さすがにこの二つの受賞（章）は、Noismの活動継続に懐疑的な人々の心理にも、何らかの影響を与えたと思う。あるいはいまこのタイミングでNoismの活動を停止する、金森穣を追い出すという選択はしづらくなったかもしれない。

またしても運が私に味方していた。

新レジデンシャル制度発表の裏で

そして七月、再び有識者による検証会議が行われた。その報告書には、市と財団の役割を明文化すべきという「意見」が明記されていた。[*2] 私が一七年間闘ってきた体制、ずっと訴えてきたことが、ようやく有識者の方たちの目に留まり、問題視されたのだ。

二〇二一年一〇月、新潟市はりゅーとぴあのレジデンシャル制度を改革し、芸術監督の任期を従来の一期三年から一期五年に延長し、最長二期一〇年とすること、そして新制度の適用第一号として、Noism Company Niigata が最適であると発表した。[*3]

この制度に関しても、事前に市の担当者から話は聞いていた。まず思ったのは「急ぎすぎている」ということだった。芸術監督の選定基準がどのようなものなのかも、監督権限がどこまであるのかも決まっていない。ようするに、十分な議論がなされていないのだ。それなのに「新制度」として打ち出して、「その第一号を金森さんにお願いします」と言われても、引き受けられるわけがない。

本来ならNoismの設立時にもっと議論しておくべきだった事柄に、一七年経ってようやく向き合っているのである。不十分なまま走り出してしまえば、同じことの繰り返しになってしまう。行政側の理解や成熟にどれほどの時間がかかり、どれほどの苦労が我々の前途に待ち受けていることか。そこで、これは三年ぐらいかけて議論を深めるべき問題なのではないかと伝えた。しかし、「それはできない」の一点張りだった。

側《はた》からは、Noismは新しい体制での活動継続を勝ち取ってよかったとポジティブに捉えられていただろう。しかしこのとき、私はもう限界だと思っていた。

何度要求しても議論は深まらない。予算の増額もない。その一方で、Noismへの要求だけは増えている。いまの人員で、労働環境に配慮しながら地域活動をさらに拡充させていくためには、どうすればいいだろうか。公演プログラムの回数を減らすか、Noism 2をなくすか、それともメンバーの人数を減らすか……いくら考えても答えが出ない。というか考えれば考えるほど、これ以上身を捧げるだけの意義が見出せない。

そしてふと思った。意義を見出せないのは一七年闘い続けてきた金森穣であって、別の人にとっては、たとえ事業数が減っても、活動を縮小しても、Noismはまだまだ意義のある事業なはずだ、と。私にとってはマイナスでも、ほかの誰かにとってはプラスなのだとしたら、私はここまでだな、そう思った。

そこで、「私は辞めます。私は退き、他の人に継いでもらうのが一番いいと思います」と伝えた。すると市の担当者は、「いや、辞めてもらっては困ります」と言う。「あなたがいま辞めたら、Noism はなくなります」と。では Noism がなくなったら、この新制度をどこのどんな団体が担うのか。たしかに、公開されている資料にも、所属団体は舞踊に限らないと明記されている。しかし Noism 以外に具体的な団体が候補に挙がっているわけでもないという。

そもそも所属団体を入れ替えるといっても、Noism は現状、財団職員だけでは回せていない。Noism がなくなれば、契約スタッフも辞めることになる。新たに所属する団体は、スタッフごと新潟に移住し、一から財団と調整を始めなければならない。そういったことを含め、すべてについて議論が深まっていないし、制度も成熟していない。結局、金森穣に依存してきたのは行政のほうだったのではないか……なんとも言えない虚脱感に見舞われた。

それでも私が引き受ければ Noism は続く。この国で唯一の劇場専属舞踊団は続くのだ。新制度に則り、改善点を見出し、その成果が見えてくれれば、どこかの段階で環境が改善する日も来るかもしれない。メンバーにもスタッフにもいままで以上のことが要求されるが、皆で協力し、業務を分担すればなんとか乗り切れる。いままでもそうだったじゃないか。無理をしてでも続け、その過程で成果が現れたときに初めて、状況は改善するのだ。いまはそれを信じるしかない……それにこの制度はまだまだ課題だらけだ。私にはまだやるべきことがある、そう思った。

こうして私は一期五年の芸術監督就任を受諾した。

嫌々引き受けたとか、自分を押し殺して我慢しているといったことはまったくない。事ここに及んで、私は自ら手放したのだ。いままでやってきたことに対する自負も、批判されていることに対する憤りも寂しさも、自分自身の未来に対する恐れや不安も。ようするに、自らを再びゼロにしたのである。

新制度による変化

二〇二一年冬、丸三年がかかった「活動継続問題」が収束した。

すると、状況が変わり始めた。まず、新潟市文化政策課の部長と課長、財団の支配人・部長・課長の三役、そして我々Noismという三者による定例会議が年間四回程度、開かれることになった。会議の場で、「市で今度こういうイベントを行うのだが、Noismも参加できますか」と打診されたり、こちらから「それならもっとこういうこともできます」と提案する。それは新潟市と財団が初めてNoismの存在を自分事として捉え、動き出した証拠であった。市と財団の間を、まるでピンポン玉のごとく行き交っていたのが嘘のようだ。

財団のほうも、事業費の中でやりくりするのであればメンバーの人件費を上げてもよいという許可をくれた（それまで人件費は事業費とは別で固定だった）。業務の増加分だけ給料を上げられる。これだけでも大きな変化だが、売上が上がった分も、スタッフやメンバーに還元できるようになったのは大きい。予算が増えたわけでも、人が増えたわけでもないけれど、会議を開いたり、許可をもらえたりと、状況は改善され始めたのだ。

新制度のもとでの活動開始に伴い、Noismを「国際活動部門」と「地域活動部門」の二部門・三カンパニー制にした。[*4]

世界を見据えたハイレベルな舞台芸術の創作や国内外での公演に注力する「国際活動部門（Noism 0と1を含む）」の芸術監督を井関佐和子に、舞踊の魅力を幅広く一般市民に伝える「地域活動部門（Noism 2含む）」の芸術監督を山田勇気に委ねる。そして私は総監督として、市と財団とNoismの連携をより強固なものにしていく。

正式稼働は二〇二二年九月、Noismの第一八シーズン（九月）からだが、活動内容は前もって決めておかなくてはならないので、佐和子と勇気には年明けから仕事を振り始めた。メールでのやりとりや会議を中心にかれらの仕事を俯瞰しているが、非常にうまく対応していて、二人に任せて本当によかったと思う。もはや私が出ていく必要はない。適宜アドバイスはするものの、カンパニーの裁量については井関と山田に一〇〇パーセント任せている。

本当にここからだと思う。いま初めて、行政と財団が責任を持って「レジデンシャル・カンパニー制度」を運営し始めるのである。この五年間は、行政も財団もNoismスタッフおよびメンバーたちも、皆が真の意味で劇場専属舞踊団を文化政策として捉え、自ら考えるようになるための五年にしたい。それは「金森穣Noism」が、「新潟Noism」になるということだ。一七年かけてやっとここまでなのだから、設立に際して掲げた「劇場一〇〇年構想」、一〇〇年はかかるだろうという推測は、あながち外れていなかったのだと思う。

新制度の課題

新潟市の記者発表資料には「レジデンシャルの仕組みが持続的に発展・成熟し、市民に広く支持されるとともに、国内他館に波及する制度となることを目指」すとある。この文言には一〇〇パーセント同意する。

ただ、この文言を実現するためには、制度化した市の職員たちの理解と協力が不可欠であり、担当者が交代しても継続的に成熟していくようなシステムが必要だ。そうしたシステムの構築には、まだまだ長い道のりがあると感じる。

第一に、新レジデンシャル制度では、一つの集団が活動できるのは最長二期一〇年であり、時期が来れば集団を丸ごと入れ替えることを前提にしている。そのためには集団を受け入れる劇場（財団）の制作体制が成熟しなければならない。現状では、集団が変わった途端、破綻してしまうのは目に見えている。

私がNoismをこのタイミングで二部門制にし、運営から一歩引こうと思ったのは、カンパニーを取り巻く制度、枠組みを俯瞰しながら、それがどうすれば持続可能になるのか、冷静に見極めたいと考えたからだ。我々に残された時間は五年、実質はわずか三年だ。その間に私としては、行政や財団の方たちと一緒に枠組み自体をどうすれば成熟させていけるのかを考えたいし、考えなくてはならない。

第二に、芸術監督の任期更新は、「三年間の活動評価を踏まえ、四年目に決定する」とあるが、その更新可否の基準は具体的には決まっていない。また、更新が可とされた場合には二期は続けるという前提に則っているようだが、一期五年と定められている限り、五年で辞退されることも十分ありうる。さらに、予算の枠組みは相変わらず年度ごとである。芸術監督の任期が五年といっても、市が財政危機に陥って予算を削ると言われればそれまでだし、首長が変わって制度を廃止すると言えば、止めることもできない。

そもそも予算が年度ごとである行政の仕組みは、五年や一〇年という長期スパンで物事を決定するには不向きだ。どうしたって、長期的視点に立つ文化とは相容れない。そうした中で、今回、日本で初めて五年、一〇年先までを規定する制度を明文化したというのはすごいことだ。しかしせっかく制度を立ち上げた以上、文化行政の仕組みから変革していかなければ、国内他館に波及することなど、夢のまた夢になってしまう。

国や劇場によって多少の違いこそあれ、欧州の劇場文化には長い歴史がある。長い間の紆余曲折を経て、トップの権限の範囲や、それを任命するのは誰かなど、しっかりとシステムが築き上げられている。一方、いま新潟で起きていることは、それとは比べものにもならない。制度の名前だけは掲げたものの、中身はまだまだ追いついていないのだ。

いろいろと懸念はあるが、この制度の初代芸術監督として何ができるかを考えていこうと思う。

Noismの試みを全国へつなぎたい

日本の人口は、今後ますます減っていく。地方であればなおさらだ。住民は減り、若者は相変わらず都市部に流出し、代わりに外国からの来訪者が増えていく。そのような時代において、地域の文化をいかにして育み、その文化を通して首都圏や世界とどうつながっていくべきなのか。人口減少社会を見据えた価値観へと転換すべき時期はとっくに来ているし、芸術文化の重要性は否応なく増している。社会において劇場の果たす役割は、今後さらに大きくなるはずである。

大金を払って海外から舞台芸術集団を招聘し、すばらしいものが見られてよかった、と喜んでいられた時代はとうに過ぎた。それぞれの地域の劇場をどう活用すれば、日本の舞台芸術を世界に発信することができるか。専門家と行政とが一緒になって考えていかなくてはならない。

私がこの一七年間、新潟市とともにその問いへのひとつの解として提示してきたのが、劇場専属集団という文化政策である。それはすなわち、地域独自の芸術文化を創造し、東京を介さずに世界へと発信するという、新しい劇場文化の可能性を示すことだった。

私は舞台芸術の力を信じている。だからこそこの国における舞台芸術を取り巻く環境を改善したい。Noismの新潟での試みがモデルケースとなって、全国各地の劇場に波及していくことを願うばかりだ。

何が私をここまで劇場文化に献身させているのか。それは自分でもわからない。私はただ、おかしいと思ったことを問いただし、その上で改善策を考案し、提案し、与えられた責務に邁進してきただけだ。そしてこれで終わりではない。その先の可能性が見えているからこそ、これからも献身を続けていく。

四年後の二〇二七年、私の芸術監督の契約が満了したとき、Noismがどうなっているのかはわからない。私が身を引いたとしても、行政と財団が「Noismは続けていこう」と判断し、その代表には誰が最適か、行政や劇場、選ばれる人にとっても納得のいく基準と方法で彼ら自身が決めてくれることを願っている。

劇場専属舞踊団という覚悟

日本では文化に従事する人たちとその他の人たちとの間には大きな断絶があると感じる。歴史に背を向けて、高度経済成長まっしぐらに来たのが日本という国であり、いま、その歪みがあらゆるところに表れてきている。

そうした社会の流れを考えても、劇場文化の構築に時間がかかることは明らかだ。その成熟のための取り組みは、一〇〇年後も変わらずなされていることだろう。問題はそれらの取り組みが、新潟での我々の事例を含めて歴史としてしっかり積み上がっているかどうかだ。積み上げた歴史があれば、従事する人も、その長い歴史の一部を担っている、バトンを受け取っているという意識を持つことができる。そうした意識を持つことが、文化の継承には不可欠だ。

「もし他の劇場からうちに来てくれと言われたらどうしますか?」と、活動継続問題の最中にはよく聞かれたものだった。芸術家としては、頼まれたところに行くに決まっている。自分の芸術活動を最も理解してくれる人のところ、活動に必要な環境をくれるところに行くのは、芸術家として当たり前のことだ。

しかし、そのことと、私の新潟での一七年の経験の持つ意味は、別の話だ。もしいま、他の劇場からNoismの移籍を打診されたとして、どんなによい条件を提示されても、まずはこう問い返すことになると思う。「劇場専属舞踊団とはどういうことか、本当にわかっていますか?」と。

我々は新潟での一七年間で様々な問題を経験してきた。制度と枠組みができたからといって、同じ制度を設けて舞踊団を呼べば、すぐに地域の人たちが理解してくれるということはあり得ない。Noismが市内の舞踊関係者に理解してもらえるようになったのは、ごく最近のことだ。場所が変わればまたゼロから始めなくてはならない。そういうことをすべて勘案した上で、それでも行く価値があるかどうかを判断する必要がある。単に給料やスタジオ環境がいいから移ろう、ということにはならない。

それはとりもなおさず、この制度がどんなに成熟しようと、専属になる集団は、Noism のようにゼロから始めなくてはならない、ということでもある。東京で活動している名のある舞踊団を招いて専属になってもらえばいい、と短絡的に考えることは決してできない。東京を離れて地方で生活をしながら、世界で通用するような成果を果たして出せるのか。海外や国内での評価に加え、地域内でのつながりを構築し、理解を得ることができるのか。とても一筋縄ではいかないと思う。

覚悟が必要なのは、アーティストだけではない。行政も同様だ。しかし、立派な劇場施設があって毎年税金を投じているのなら、それぐらいのことをやらなければ意味がないのではないだろうか。新しく劇場を建てる必要はない。すでにあるものをもっとうまく活用すべきなのだ。

初めて「新潟」をテーマに

二〇二二年夏に上演した、太鼓芸能集団「鼓童」[*5]とのコラボレーション作品《鬼》は、新体制となる前のNoismとして締めくくりのプログラムだった。二一年末に新制度が発表されるまで、Noismがなくなる可能性は十分にあった。そうなればこれが最後のプログラムとなる。そう思ったからこそ、初めて「新潟」をテーマに掲げて作品を創った。

「鬼」を主題にしたのは作曲を依頼した音楽家の原田敬子さんだったが、鬼についてリサーチする中で役行者と修験道、清音尼と遊女たちの存在を見出したとき、鬼とはまさに金森穣が率いてきたNoismとして表現するべきモチーフだと思った。

過酷な修行を通して身体と向き合い続けることと、自らの身体を他者に差し出して生きていくことは、私の舞踊観そのものである。同時上演した《お菊の結婚》のテーマである「人形」をそこに加えれば、私の舞踊観の基礎を形作る三つの概念が円環を閉じる。

見えない力に翻弄されながら、この身一つで生きていくこと。見世物芸人として新潟の地に根差しつつ、精神においてはいつまでも渡来の旅人であり続けること。そして未来と呼ばれる仮想世界の成熟と発展に身を捧げること――それは他でもない、一八年にわたるNoismの闘いのメタファーである。
新潟を含む国内五県の劇場によって共同製作された本作は、新潟の「すごさ」を存分にアピールするものとなったはずである。いずれ海外での公演も実現させたいと思っている。

新潟はすごいし、まだまだ可能性を秘めている。新潟に渡来した舞踊家（金森穣）は、それを訴え続けてきた。これからはそれを新潟市が、劇場を運営する財団が、そして何より新潟市民が世界に発信するべきだ。そのための下地は作った。そう、私の一八年におよぶ闘いは、これからスタートする本当の意味での劇場専属舞踊団としてのNoismの活動の下地だったのである。その上に築き上げられる劇場文化が豊かなものになればなるほど、下地は忘れ去られていく。それでいい。どうかそうなってほしい。

【注】
＊1——https://www.city.niigata.lg.jp/kanko/bunka/shinko/bunkagyousei/Noismhyouka/bunka_noism_hyoka.files/NoismCompanyNiigata_hyokasyo.pdf
＊2——http://www.city.niigata.lg.jp/kanko/bunka/shinko/bunkagyousei/residential/residential_kaigi.files/residential_

kaigiyoshi_2.pdf

＊3——http://www.city.niigata.lg.jp/kanko/bunka/shinko/bunkagyousei/residential_seido.files/residential_seido.pdf

＊4——https://noism.jp/wp2015/wp-content/uploads/13043329407a4af80618010d46695fc2.pdf

＊5——鼓童　一九八一年設立、新潟県佐渡市を拠点に国際的に公演する和太鼓集団。世界ツアー「ワン・アース・ツアー」や小中高校生と交流する「交流学校公演」、佐渡市と共催する国際芸術祭「アース・セレブレーション」など、幅広い活動を展開するとともに、公益財団法人鼓童文化財団を通してワークショップ開催や人材育成、太鼓や伝統芸能の研究支援なども行っている。

16

バトンを受け取るあなたへ

最後に、今後Noismに加わる人、舞踊家を志す人、そしてこれからの世界を生きるあらゆる人たちへのメッセージを伝えたい。

チャンスは意外なところからやって来る

いまを生き切ることで道は拓ける。私はそのことを、人生で何度も体験してきた。

たとえば、二〇〇八年にサイトウ・キネン・フェスティバル松本[*1]に参加したときのこと。私に与えられたのはトンボ役で、羽のついた緑の全身タイツ、まるで仮面ライダーのようなマスクが衣装であることを知ったときは、正直ゲンナリした。振付を担当していた知り合いのフランス人（NDTの先輩）もあまり気乗りがしていないらしく、「ジョー、君のところは自分で振り付けといて」と投げやりに言われる始末だった。それでも、やるならちゃんとやりたかったから、懸命に動きを模索して本番に臨んだ。

本番では小澤征爾さんのオーケストラがすばらしく、衣装のことなど忘れて実演に集中した。すると本番を観たフェスティバル上層部の人たちの間で「トンボ役の彼は誰だ」と話題になったようだった。三年後の二〇一一年、サイトウ・キネン・フェスティバル松本の演目を演出振付するという話が舞い込んだのは、終演後すぐのことだ。腐らずに真摯に舞台に臨んだことで、小澤さんの音とシンクロするという稀有な体験を得られただけでなく、その後の大きな委嘱をも得たのだ。

Noism設立のきっかけも、市民参加型のミュージカル「家なき子」に出演したことだった。まったく気乗りのしないものだったけれど、どうせ日本を離れるのだし、何事も経験だと思って参加を決めた。そしてやるからには全力でやろうと挑んだことから、りゅーとぴあの芸術監督の話にまでつながったのだ。

実はこの「やるならちゃんとやれ」という言葉は、Noism内では金森穣の訓示として伝わっている。私自身、覚えてはいないのだけれど、きっとたびたび口にしていたのだろう。それほどこの言葉は、私の人生の指針になっている。

乗り気のしない仕事でも、引き受けるからには全霊で挑む。そうして一生懸命やっていると、必ずそれを見てくれている人がいる。そして次の扉が開く。ここで重要なのは、その扉を自ら開いたとは思っていないということだ。ただ必死に頑張ってきただけなのに、気がつくと扉が開いて、応援してくれる人が増えている。それは自分が頑張ってきたということとは別の、何か見えない力に導かれてきたという感覚だ。その感覚があるからこそ、応援してくれる人々、私を導く力に恥じないように、懸命に生きてきた。

よく言われることだけれど、無駄なことなんてない。その経験を無駄にするかどうかは、取り組み方次第なのである。

集団性と関係性の美

美を獲得するために鍛錬を続けるのは、肉体的にはもちろん、精神的にも厳しい。果てしのない時間とエネルギーを要するから、舞踊家は幼少期から鍛錬を始めるし、成人してからも培った美を維持するために多大な努力を続ける。身体表現における美とは、固定されたものではなく、成長と衰退の間に宿るのである。

一人でも獲得が困難で、維持が容易ではない美を、集団として獲得／維持するのは、さらに難しい。それは当然、自分だけの問題ではない。集団としての目標に身を捧げることは、時に自己犠牲を伴う。

稽古では、「おれはこうしたいんだ」「私はこうしてほしい」と同僚と揉めることもあれば、自分だけ振付家から選ばれないことだってある。国籍も性別も関係なく、観客に最高のものを届けるために、それぞれが自分のベストに到達したいという思いでぶつかり合う。そうした人間ドラマは実に面倒臭いけれど、その情熱、必死に生きようとする人々が共に活動することで生まれるエネルギーこそが、集団活動の醍醐味である。

所属するために自分を消してしまったり、生活の安定のためにうまくやり過ごしたり、自分と向き合わずに済むように他者を隠れ蓑にするというのではない。同じ孤独を背負う者同士だから寄せられる共感、苦労を共にするからこそ芽生える助け合いの意識、自分の限界を超えさせてくれる他者からの影響、そして愛。そうしたことが生じる集団活動こそ、私が目指してきたものであり、舞踊団のあるべき姿だ。

一つの舞踊公演には、主役だけではなく脇を固めるソリストや群舞、美術に衣装、オーケストラや舞台スタッフなど、ものすごい数の人がかかわっている。まったく違う人生経験を持つ人たちがそれぞれのいまを賭けて、同じ世界の中で命を削って共に生きる――その集団としての人間ドラマ、力の凝縮した舞台は美しいと思うし、こういう世界で生きたい、こういう世界を生みたい、そう思ったからこそ、それを可能にする劇場文化のために私は闘い続けてきた。金森穣の名前を世に知らしめるために闘ってきたのではない。

最近は、自らの名を上げることに必死になっている人のほうが多いが、みんないつかはこの世からいなくなる。有名になった人がいたね、と言われることにいかほどの意味があるのだろうか。そんなことよりも、後世の人々が「いま当たり前になっているこの環境は、いつ始まったんだろう」「どんな人たちがかかわっていたのだろう」と思いを馳せ、私たちの情熱が受け継がれていくことのほうにこそ、意味があるのではないだろうか。

生の舞台芸術体験

設立から一〇年が経った頃から、Noism の舞踊を映像でしか見たことのない舞踊家がオーディションに来ることが増えてきた。先生や先輩との会話にも上る有名なカンパニーとしてNoismの存在は知っているし、YouTubeで作品はチェックしたけれど、入るまで生の舞台は観たことがなかった、そういう子がいまではNoism 2のほとんどを占めている。

かくいう私も、ベジャールの作品を知らずにルードラに入学し、キリアンの作品を見たこともないままNDTに入団した。しかし私がヨーロッパで活動していた九〇年代は、まだインターネットも普及しておらず、YouTubeもなかった。だから劇場に足を運ばなければ、そのときどのような舞台芸術が創造されているかはわからなかったのだ。

過去の映像作品ではなく、生のベジャール作品を舞台で観たときにはものすごく感動したし、NDTのオーディション合格後にキリアンの作品を観たときも、全身が痺れるほど感動した。それは「いまここ」でしか味わえない出来事を体験しているという、舞台芸術特有の感動だった。

一方、動画で得られるのは、あくまでも視覚的な感動にすぎない。「いまここ」に縛られていない映像は、いつでもどこでも何度でも見られる。その緊張感のない体験が、生の舞台に触れたときの感動と同じであるはずがない。

舞踊芸術の本質は生の舞台をその身をもって体験しなければ、摑むことはできない。まして舞踊家なら、その感動を全身で受け止めることが大切だ。全身体的な感動（インプット）を、表現（アウトプット）に変えることこそが、舞踊芸術なのだから。

かつて情報が限られていた時代には、世界に一〇〇人の優れた舞踊家がいたとしても、その舞台を生で見られる人は限られていた。だからこそ機会が訪れれば、全身全霊を傾けて観劇したものだった。けれどいまでは、ＳＮＳに小さな子どもが繰り広げる目を疑うほどのパフォーマンスや、アマチュアからプロまで世界中のダンサーの踊りが溢れている。

そうした環境は、若い舞踊家たちを路頭に迷わせていく。インターネットに溢れる様々な踊りを指一本でパッパッと見るうちに、何が優れた踊りなのか、自分がどうなりたいかを見失ってしまう。私が帰国したときに感じた、知名度と質が相関しないことへの戸惑いや苛立ちが、若い舞踊家たちの心を世界規模で日々蝕んでいる。

目の前にいる他者とまっすぐ向き合い、自分という存在を全霊でぶつけて、その反響を全身で受け止めること。「いまここ」にいる人たちと、二度とは繰り返されない時を共に生きること。その体験の積み重ねでしか得られないものがあること。そして、齢と経験を積み重ねなければ見出せない質というものが舞踊にはあり、それぞれの身体にはワクワクするような可能性があることを、若い舞踊家たちには知ってもらいたいと思う。

舞台芸術と舞台人の真価

舞台は一回性の、刹那なものだ。文学、絵画、美術……他の多くの芸術が残るものである一方、舞台芸術は残らない。しかし消えて無くなるからこそ、消える瞬間をできる限り質の高いものにしたい、という情熱が生まれる。そして自分が削っている命の断片が、観客の心に響くものであってほしいと願うからこそ、厳しい鍛錬を続ける。もう一度見られる、もう一度会える……その保証のない、危機感とも言えるほどの緊張が宿るときに生まれ、感受される表現の力こそが、舞台芸術の真価である。

舞台に立つということは、何百人もの生身の人間の眼差しに直にさらされるということだ。これは舞台以外では味わえない体験だ。Instagram に一億人のフォロワーがいようとも、かれらは「いまここ」にはいない。自撮り動画では自信たっぷりに自分を表現できる人が、わずか一〇〇人の観客から二〇〇の眼に見つめられた瞬間、実力を出せなくなる。それが舞台というものだ。生の人間がそこにいる、見ているというエネルギーはそれほどに強烈だ。そしてそのエネルギーによって光る人のことを、舞台人と呼ぶ。

そういう人は、自分の身体、その踊りを人前に晒すことに恥じらいがある。だからこそ真摯に稽古を続け、自分の身体の短所や弱点と向き合い続ける。その鬱屈した熱量、精神の煌めきのようなものが、舞台では光となるのだ。怖れを抱き、恥じらい、それでも踊ることでしか生きていけない。そんな矛盾を抱える人が、まるで太陽光を受けた月が発光するかのように、眼差しという光を受けて輝く。それが舞台という場なのだ。

いまを生き切るということ

振り返ると、私はこれまでその都度、できるだけ自分の可能性を追求したい、自分にできるベストを尽くしたいと思ってやってきただけで、何かの目標に向かって戦略を立ててきたことはなかった。もちろん理想はあったけれど、それもとてもおぼろげで、何年も経って徐々に鮮明化し、自分の中で具体的な目標になってきたのだ。

作品についても、創作中はそのことしか見えないほど没頭している。後から振り返れば、「なるほど、だからこうなったのだな」とか「この時期はそういうことに関心が向いていたんだな」などと分析はできるけれど、そのときは自らのインスピレーションに忠実に創ってきた。そもそも、こうすれば成功するなどという戦略や法則は存在しないのだ。

すばらしい芸術家たちに影響を受けて恥ずかしげもなく真似をし、何度も失敗を重ねて、いつでも（いまでも）批判されながら、それでも自分が美しいと感じるもの、自分がこうあるべきだと思う世界のために、ひたすら献身してきた。諦めきれずに勝負し続けてきた。それはつまり、どこまでも自分に正直に、バカがつくほど正直に生きてきたということだ。

先々のことを計算したり、なりたい自分を設定し、こうなるためにはいまこうしておかなきゃ、と考える若者が増えている気がする。それは、膨大な数の他者の人生をまるで参考書のように眺めることができる、この情報化社会のせいかもしれない。あるいは未来に希望の持てない中、できるだけ失敗をしないようにと、石橋を叩き続けているのかもしれない。

しかし、そういう人を見るたびに、いまを生き切れていないのではないかと心配になってしまう。いまこの瞬間に最善を尽くし、燃え尽きるようにして生きて、その結果、目標にたどり着いたら「よかったな」と思えばいい。目標にたどり着くことが日々の目的になると、そのために自分を偽ることや我慢することだけがうまくなり、今日一日にエネルギーを注げなくなってしまう。そして目標の達成が難しいとわかった瞬間、いま生きている意味すら失いかねない。

どんなに他人に無理だと言われても、まだ人生は終わっていない。目標達成には無関係のように思えることでも頑張り続けていれば、その成果によって目標にたどり着くことだってある。道は一本ではない。人生は何があるかわからないのだ。自分で決めた一本道が行き止まりだったからといって諦めてしまうのは、みすみすチャンスを逃すことだ。何よりもったいないのは、そうやって過ぎた日々は、決して取り戻せないということだ。

目標を達成できるかどうかを決めるのは、自分の能力や頑張った度合いだけではない。様々な外的要素も関係している。不公平だと思うだろうか。でもそれが人生というものだ。他人に決定権を委ね、人のせいにして頑張るのをやめるのなら、何のために生きているというのか。大事なのは自分が何をしたいかであり、それが他人の望むことと合致すればいいけれど、合致しなくても自分のやりたいことをやればいいし、それが嫌ならやめればいい。私はずっとそれだけで来た。過剰なほどに自分を信じてきた。

誰にも見えない自分の妄想やビジョンの具現化に、多くの他者を巻き込むのだ。過剰な信念がなければそんなことはできない。「絶対これはいいんだよ！」というのは独断だし、「もっとこうすればうまくなるんだよ」と叱咤激励するのだって大きなお世話だ。「日本の劇場文化を成熟させたい」という一心だって、結局は私の独りよがりだ。

私もあなたも一人ではない

それでも、孤独だと思って歩いていた道には、気づけば同伴者がいた。道端には応援してくれる人の姿もあった。結局、私は一人ではなかったのだ。人は一人では生きていけない——そんな当たり前のことさえ忘れてしまうのが人間だけれど、この一八年という年月は、私にそれを思い起こさせてくれた。

私が本書を著したいと思ったのも、これまでの取り組みが「金森さんだからできたよね」で終わってしまうことを危惧したからだ。私が特殊なわけでは決してない。多くの人に支えられ、助けられ、なんとかここまでやってきたのだ。反対した人の存在、批判されてきたことを含めて伝えているのも、そのためだ。

ある夏、私と反目し合っていた事業課長に電話で抗議したら「それなら辞めたらいいじゃないですか」と言われ、「ふざけんな！」と携帯電話を床に叩きつけたことを思い出すと、「ああ、頑張ったな、おれ」と思う。反対されればされるほど、じゃあどうすればいいのかと、よりエネルギーを注いで考えることができた。いまとなっては感謝しかない。かれらがいたからこそ、私はここまで闘ってこられたのだと思うから。

これからも闘っていく。劇場文化の未来のために。そして信じている。劇場文化の豊かな未来を。この国に生まれた一人の舞踊家として。

【注】

＊1——サイトウ・キネン・フェスティバル松本　一九九二年より毎年夏に長野県松本市で行われている世界的な音楽祭。指揮者・小澤征爾が恩師である齋藤秀雄の名を冠して設立したが、二〇一五年に「セイジ・オザワ・松本フェスティバル（ＯＭＦ）」に名称が変更された。

あとがき

「その話、本にしませんか?」

こう言われたのは年明け、ある文化政策研究者たちの勉強会に呼ばれて話をしたときのことだった。コロナ禍における芸術家たちの実際と支援のあり方を調査・分析する研究プロジェクトの一環として、Noism の状況を話してほしいということで、Noism の運営体系や劇場との関係を含め、説明した。

すると研究者たちは皆「Noism でさえそうなのですか」と、驚きを露わにした。新潟市の劇場専属舞踊団としてりゅーとぴあを拠点に長年創作・公演活動をしてきた Noism は、専門家の間でさえ、日本における劇場文化の理想形、モデルケースとして特別視されていたようだった。

しかし実際のNoismの運営は、本書に記した通り、モデルケースには程遠い闘いの連続であった。舞踊芸術は、新しい劇場文化をつくる武器になる。武器にするためには、舞踊家はその身体を研いで磨いて鍛錬し続けなくてはならない。劇場はそのための場でもある。劇場に住まうことで内部から変革を促し、その影響を地域へと波及させ、果てはこの国の劇場文化のあり方まで変革していきたい、その一心で七転八倒を繰り返してきた。

その一八年におよぶ闘いの話を本にしたい、と言ったのは、会に出席していた夕書房の髙松夕佳さんだ。あまりに膨大な情報、経験の、どこをどのように切り取ればいいのか。果たして読む人はいるだろうか。懐疑的な私に髙松さんは、「Noismの成果の背後にどんな現実があったのか、知られていないのはもったいない、私が出版します！」とおっしゃった。

こうして、二〇二二年三月から六月にかけ、毎週月曜日の夕方にオンラインインタビューを受けることになった。本書はその全一五回のインタビューをもとに書き下ろしている。孤独と愛と野心に溢れた若かりし頃の記憶をたどり、うれしかったことや悔しかったことを思い出し、出会った人々や別れた人々に思いを馳せ、去来する当時の感情に翻弄されながら、まるで何かを精算するように書き続けた。

そしてNoismを立ち上げてからの、あまりにも長く、あまりに一瞬だった一八年の日々。本書に綴られているのはその断片にすぎないけれど、ごまかさず、誇張せず、真摯に書いたつもりである。歪曲や勘違いがあるとすれば、それは私が今日まで闘い続けるために、無意識のうちに犯した過ちであると許してほしい。

人生とは出会いである。本書に収められた私の人生も、多くの出会いによって導かれてきた。そしていま、その話を本にしたいという人と出会った。導かれてみよう。いままでもそうであったように。この本が私をどこへ導くかはわからない。ただそれが、私が信じる劇場文化の未来に少しでも近づく道のりであることを願っている。

そしてその道のりが、本書を編集出版してくださった髙松さんの信じる未来にもつながっていることを、心から願っている。感謝を込めて。

二〇二二年一一月

金森穣

金森穣（かなもり・じょう）

演出振付家、舞踊家。Noism Company Niigata 芸術総監督。一九七四年、神奈川県横浜市生まれ。一七歳で単身渡欧、モーリス・ベジャール等に師事。ルードラ・ベジャール・ローザンヌ在学中から創作を始め、NDT2在籍中に二〇歳で演出振付家デビュー。十年間欧州の舞踊団で舞踊家、演出振付家として活躍したのち帰国。〇三年、初のセルフ・プロデュース公演《no・mad・ic project―7 fragments in memory》で朝日舞台芸術賞を受賞。〇四年四月、りゅーとぴあ新潟市民芸術文化会館舞踊部門芸術監督に就任し、日本初となる公共劇場専属舞踊団 Noism を立ち上げる。革新的な創造性に満ちたカンパニー活動は国内外から高い評価を得ている。平成一九年度芸術選奨文部科学大臣賞、平成二〇年度新潟日報文化賞、第六〇回毎日芸術賞など、受賞歴多数。令和三年紫綬褒章。

闘う舞踊団　Dance Company of Struggles
◎著者＝金森穣　◎装幀・組版＝佐々木暁　◎発行者＝髙松夕佳
◎発行所＝夕書房　〒三〇五・〇〇三五　茨城県つくば市松代三ノ一二ノ一一　☎〇九〇・六五六三・二七六二　www.sekishobo.com
◎印刷・製本＝株式会社シナノパブリッシングプレス　◎乱丁・落丁本はお取り替えいたします。　◎ＮＤＣ七〇九／二六〇ページ／一一×一八センチ　◎ISBN978-4-909179-09-8

◎Published by Seki Shobo, Tsukuba, 2023　◎Printed in Japan

二〇二三年二月一日　初版発行